學思達

自學 Learning
思考 Thinking
表達 Expressing

張輝誠的翻轉實踐

張輝誠 著

謹以此書獻給我生命中的三位貴人

先父　張炳榮先生

先師　愛新覺羅・毓鋆先生

祐生研究基金會　林俊興董事長

——他們為我提供了一個「老師」完整的形象

推薦序

捨我其誰，不信師心喚不回

方新舟

二〇一三年底，誠致教育基金會和葉丙成、孫譽真、鍾昌宏、鄭漢文等幾位老師開始籌辦「翻轉教室工作坊」。我們幾位對於如何在數學、生物等課程推動翻轉教室比較有把握，但是對於文科，我們就有些心虛，不太確定理工科的方法論是否可以用在文科上。我們知道文科是所有知識的基礎，如果找不到講師能解答文科老師的疑惑，會讓老師們失望。同時，這也是我們第一次舉辦大型活動，壓力不小。

直到我去張輝誠老師的教室觀看他的國文教學，看到他用「自學、思考、表達」（學思達）的教學方法引導學生，看到他的學生在很冷的教室裡穿著厚厚的外套，卻沒有一個人打瞌睡，大家都精神抖擻的參與討論，而輝誠老師淡定地巡視各個小組，我突然心下一動，知道我們有救兵了。果然輝誠老師的加入，讓「翻轉教室工作坊」大大的成功，也讓我們有信心去辦後續的四場，場場爆滿。加上老師們自己主動在二〇一四年九月二十八日舉辦一場二三三六人的研習會，翻轉教室，頓時成為老師們最常討論的話題，也是一次非常成功的由下而上的社會運動。

無論多麼忙，輝誠老師每天一定要在臉書上寫「學思達翻轉大會報告」，分享捷報如某位老師上傳講義或翻轉成功、某位老師開放教室等。在文章末，輝誠老師一定會幫大家打氣：「讓我們一起來用學思達改變台灣教育！」每天看他的電子報都令人興奮不已，覺得前途一片光明。有時他實在太忙，沒時間在週末帶他母親跟兒子出去玩，會在臉書上分享他的虧欠。看到他這麼深愛他的家人，卻常常跑到各處演講，心裡真不捨，也感恩他的付出。

任何創新都不可能完美無缺。即使像可汗學院這麼成功的創新也受到一些質疑。「學思達教學法」也難免受到一些批評。有的說學思達只適合菁英學校像中山女高，有的說輝誠老師誇大了學思達的成效。輝誠老師面對這些批評，都不厭其煩地說明，提醒大家一定要考慮到每間教室的學生、環境跟文化，不能硬推學思達。經過他不斷的與讀者互動，不斷的開放教室，不斷的演講（包含到新加坡、中國等），學思達教學法不但被用在文科，也用在數學、自然等科目。學思達是台灣可以拿到國際舞台引以為傲的創新！

從輝誠老師開始寫這本書，我就非常期待。現在書終於出版，我為輝誠老師開心，也為所有讀者感到高興。這本書是輝誠老師這兩年經過很多探索、實驗、辯證、提升的精華，對於想推廣學思達或翻轉教學的老師，非常實用。輝誠老師是作家，下筆如飛，文章條理分明，淺顯易懂。他很費心地挑選部分臉書上的對話，收錄本書裡，期望讀者在閱讀時，能想像自己教室裡會發生的各種狀況，然後思考出更好的方案。

第一次在台大聽輝誠老師演講時，我被他的豪氣、自信、大願震懾住了。他那「捨我其誰，不信師心喚不回」的使命感、毅力與決心，深深地烙印在我心上。後來彼此更熟悉後，我才知道塑造輝誠老師的三位貴人：他父親、毓老師和林董事長。雖然我無緣與他們見面，但衷心感謝他們為台灣培養這麼傑出的輝誠老師。我也期許自己能向他們學習，為台灣培養更多優秀的人才。

「讓我們一起來用學思達改變台灣教育！」

（本文作者為財團法人誠致教育基金會董事長）

推薦序

台灣翻轉教育的成功綻現

嚴長壽

如果說二〇一四年，對於台灣翻轉教育是一個重要的新紀元，那麼二〇一五年，肯定將會是豐收的一年。

近日接連收到兩位台灣翻轉教育重要成員——葉丙成老師及張輝誠老師相繼出書的通知與邀序，真是讓我喜出望外。二〇一一年，我的著作《教育應該不一樣》出版後，平常並不希望過度曝光的我，開始強迫自己從台灣頭走到台灣尾，努力宣傳教育革命時代來臨的訊息。期盼台灣教育政策制定者以及家長們，不能再用後照鏡來看青年人的未來，而要用探照燈照亮世界發展的遠方。尤其在全球大環境的改變下，台灣的教育必須從大量複製的代工思維，走向一個更加活潑創新、具有獨立思考判斷能力的新教育模式。

於是，就在一次次地抛頭露面、致力宣揚，一次次自以為歇斯底里的聲嘶力竭中，我因緣際會地認識了由矽谷返台的方新舟先生。

那一年，方新舟先生親自到台東探訪公益平台，也多次聆聽我的演講，同時更應我的邀請擔任了均一中小學的董事。最重要的是，他呼應了我們一致關切的共同主題，那就是台灣必須有一個華語版的線上教育平台。接著他做了一個更重大的決定，也就是由他所主導的誠致教育基金會將正式成立「均一教育平台」。這一次的工程，由誠致教育基金會領軍、公益平台配合進行，方新舟先生徹底發揮自己在高科技產業劍及履及的精神，走向台灣所有傑出的教育現場。而張輝誠老師也就在這樣的情況下被新舟兄發現，於是雙方就此展開了一系列的合作。

同樣地，也是在二〇一四年一月二十五日台大那場「翻轉教室工作坊」會場，我同時聆聽了張輝誠老師與葉丙成老師的演講，這才讓我真正見識到，台灣的教育現場其實並不缺乏擁有教學熱忱與方法的老師。尤其張輝誠老師的「學思達」創新教學，早就具備了非常成熟的架構，所欠缺的只是一個能被快速推廣的載具，而新舟兄的出現正好解決這個關鍵性的問題。有了好的載具，再加上好的內容，終於快速地讓「學思達」教學法及張輝誠老師成為全國教育界人人皆知的閃亮明星。

張輝誠老師的這本新書，讓我們看到一位成功的老師背後所付出的努力，那種全心投入、大膽開創以及無私分享，每一個面向在在都呈現出優秀老師的人格特質。除了張輝誠老師的文字駕馭能力之外，我也特別觀察到他的表達技巧，不但幽默地緊扣每一位聽者的注意，更能以一個教育者的角度，帶著大家深入反省傳統教育的缺失。這本著作，收錄了他個人的獨白，也涵蓋了過去這一段時間，他與各領域老師互動的許多對話，鼓勵所有的老師大膽地嘗試，用創意去思考，勇敢地表達。

早已決定專志偏鄉學習與教育改革的我，對於經常接到來自不同領域的演講邀約，以及為新書寫序推薦而感到煩惱與困擾；但是輝誠老師及丙成老師雙雙於同一時間出書，對我來說卻是一個莫大的驚喜。這樣的現象代表了新一代教育菁英已經正式登台，也代表了翻轉台灣教育的契機正在成熟中。在此，衷心地期盼輝誠老師的新書暢銷大賣，台灣的翻轉教育成功綻現！

（本文作者為台東均一中小學董事長、公益平台文化基金會董事長）

目次

推薦序 捨我其誰，不信師心喚不回——方新舟……004
推薦序 台灣翻轉教育的成功綻現——嚴長壽……008
自序 我的書院我的夢我的學思達……015

輯一
我的學思達歷程

01 **成長**——一個愛講話小孩的絕地大反擊……024
02 **蛻變**——我生命中的三位貴人……031
03 **契機**——學思達教學成形的初衷……050
04 **沉痾**——落後的教學技術與評量方式……060
05 **翻轉**——顛覆傳統，尺蚓穿堤耕耘教育沃土……078

輯二
學思達的概念與實踐

06 2概念——學思達用感動傳遞感動……088
07 3關鍵——打通學思達教學任督二脈……099
08 5原則——掌握學思達講義製作訣竅……115
09 3撇步——用《青春第二課》教人生教閱讀教寫作……124
10 7範例——運用縮寫法寫好文……134
11 2絕招——鍛鍊終極能力自學……145

輯三
學思達教學的迴響

12 湧動——學思達全台大進擊，但求平凡中見堅貞……154
13 進化——未來老師，化身課堂製作人……188
14 釋疑——學思達教學法關鍵14問……199

15 **夥伴助攻** 3方式 有效施打學思達教學預防針 吳勇宏、謝淯婷、黃尹歆、徐慶齡、袁光儀……218
16 **夥伴助攻** 4款計分法 上課high到翻 郭進成、蔡宜岑……239
17 **學校給力** 有效經營，幫助老手、新手教學都上手 呂瑞芬、張維舫……249
18 **夥伴分享** 國小自然篇●我的學思達翻轉經驗 高誌忠……259
19 **夥伴分享** 國中數學篇●我的學思達翻轉教學模型 陳世斌……264
20 **夥伴分享** 高中化學篇●我的學思達教學實踐與省思 羅勝吉……272
21 **夥伴分享** 高中國文篇●我的學思達初體驗 蔡淑錚……283
22 **夥伴分享** 高中國文篇●我的學思達周年感言 徐秋玲……296
附錄 學思達相關網路影片全蒐集……301

自序

我的書院我的夢我的學思達

（一）

嚴長壽先生在台大翻轉工作坊，聽完我講學思達之後，旋即邀請我再到台東均一中小學，為台東縣的老師們做一場演講。嚴先生連聽兩回之後，他握住我的手，說：「輝誠老師，您已經是傳教士了！」

到底是什麼樣的熱情與動力，讓我成為學思達的傳教士？這一切都要從我小時候開始談起。

我出生在雲林縣鄉下一個小村莊，蔥仔寮，國小一年級才遷往褒忠鄉，一直到虎尾高中畢業，我都居住在雲林。就讀褒忠國小時，我從來不知道，回家後還要讀書，放學後我們鄉下小孩就是四處玩，要不就在家幫忙家庭手工，貼補家用。直到就讀褒忠國中，我才深切感受到「填鴨教育」加上「小考文化」（當然國小也填鴨，但沒有每日小考）荼毒的痛苦，經常熬夜應付永遠考不完的小考，總是為了明天的考試而痛苦讀書，斤斤計較分數和排名……又加上國一、二導師私下開補習班，對於有補習和沒補習的同學有著明顯差別待遇（國小老師也是如此，當時風氣皆如此，好像也沒什麼大不了；但我家裡窮，根本不可能有錢去補習，所以我從小到大沒補過習。這沒什麼好說嘴，住在鄉下，只要家境清寒，絕大多數都沒補過習，非不為也，實無力為之），這樣無聊、無奈又痛苦的學校生活，很快我就感覺學校和監獄沒什麼兩樣。

等我當了老師，我知道以前我是受害者，如果還重蹈以前老師教書方式，繼承悠久的填鴨教學傳統，自己就從受害者變成加害人。我知道不能如此，所以教書第一年，分發至信義國中，即開始著手進行我的創新教學實驗。但當時熱情有餘，經驗、能力嚴重不足，半年過去，班上第一名火速轉學到仁愛國中，班級開始失控，第一年實驗幾乎是以慘敗收場。還好，我抽到金門服役，有兩年當兵緩衝期，不至於一發不可收拾。退伍後，我重新回到信義國中，當時教學風氣已經開始鬆綁，我以前自行編製的講義、創新教學活動，居然變成大家可以接受，甚至是先進的教學方式和內容。所以教書第二年，我曾兩次打開我的教室，邀請同校國文科老師來觀課，這也是我第一次打開教室。我發現，開放教室收穫最多的竟然是我，因為我得到很多良好的回饋與建議。

學思達真正開始落實到教學現場，是我讀博士班時，到世新大學、台師大兼課教授大一國文、文學創作等課，重啟實驗。前前後後大約七、八年，成功之後再複製回高中教學現場，我覺得穩定之後，便開始開放教室，同時四處宣傳學思達。

學思達是我花了十幾年創造出來，用來改變台灣填鴨教學的利器，同時也是改善監獄般教學現場的可能靈丹。

我一開始，就發願要用十年時光，憑一己之力，愚公移山，改變台灣填鴨教育。

（二）

開放教室不久，學思達馬上出現第一個貴人，均一教育平台董事長方新舟先生。當我還在迷戀愚公移山的浪漫精神，方先生誠摯邀請我擔任二〇一四年一月「台大翻轉工作坊」的主講人，並且把最重要的主場給了學思達，嚴長壽先生受方先生之邀共同舉辦，同時就坐在頭排聆聽，他的後面則是來自全台灣兩百多位想要改變教學的熱情老師們。演講完之後，方先生將演講過程錄影、剪輯、上字幕、放上Youtube，學思達進入急速翻轉狀態，從我一人四處奔波演講，變成網路上有分身一起講。到二〇一五年四月為止，兩個放置點共有十二萬人次觀看過。換句話說，是方先生讓學思達進入快速成長期。不然，學思達現在還傻呼呼地在愚公移山。謝謝方先生。

學思達進入快速成長期後，我更加確信恩師毓老師。簡單地說，我推廣學思達其實就是實踐毓老師上課所教導的一切。毓老師常說：「講道容易行道難，學問沒有作用就不是學問。」所以我是真的讓學問產生作用，並且不斷擴大影響力！再者，毓老師自辦書院，用書院來進行他認為正確的教育方式和教育內容。毓老師的學生大多擁有書院夢，想和老師一樣創辦書院，實踐自己夢想。我也有過這樣的夢想，直到有一天忽然想到，我何必辛苦去弄一個書院，直接把我的教室當書院就好了啊，我的教室就是我的書院，隨時開放教室，就等於隨時開放我的書院。

換句話說，我把書院學校化、生活化了，並且讓我的書院絡繹不絕（一年半之間來了全世界三千多位觀課老師）、生生不息（學思達又讓四十間教室也隨時開放了）。最後，學思達不是只有教學技術，還有更深的實學和創造。學思達不只翻轉教與學，同時還要翻轉單純解惑的教學，直探更深廣的傳道與授業。如何辦到？毓老師堅持六十年用依經解經，口傳微言大義來完成，學思達則用豐富多元的文章、講義和層層遞進的問答題、以及師生對話激盪來完成。——是毓老師灌輸給我做為一個讀書人應該有的責任感、使命感和魄力，我才有這個氣魄出來承擔、出來推廣學思達。

而我有氣魄還不夠，還需要能力，我的能力絕大部分都是祐生研究基金會林俊興董事長花了二十年，不斷用資源、用錢、辦讀書會、給舞台、提供機會，訓練出來的。林董希望我們不要盲目複製西方模式，要創造自己的東西，甚至讓西方來追隨。他認為所有成功的事務都必須擁有「秩序、複製、精進」（學思達的實踐和推廣過程就是遵循這三個原則）；他要我們成功後就回饋給台灣，不用回饋他。他一直告訴我們，一個人生命中會遇到三個貴人，貴人會改變我們的命運，要好好掌握生命中的貴人。

有一天晚上，祐生研究基金會讀書會結束之後，我向林董事長說：「從小到大，希望我成材、訓練我成材的只有三個人：一個是我父親、一個是毓老師、一個就是您。學校的老師幾乎都只希望我安分不作怪、分數高、考上好學校就好了。」林董事長很謙遜地說：「是你自己很努力！」

毓老師和林董事長是我生命中的貴人，如果要我準確地描述林董事長在我生命中的重要性，我會說——他就像是我第二個父親一樣。而毓老師，則是生命中的嚴師。

可以這樣說：沒有先父、毓老師、林董事長，就不會有學思達；沒有方新舟先生，就不會有今天的學思達風潮。

（三）

這一年半，我經常四處奔波，常常歪倒在高鐵上；但是想到會有一個又一個老師因學思達而重新點燃教學熱忱，我每天幾乎都處在亢奮狀態，恨不得每天東西南北到處講，一點都不覺得累。當然，犧牲掉的就是我的阿母、妻兒，他們常常盼望假日到來，盼望我能帶他們四處遊玩；讓他們的期待一再落空，我感到抱歉。——學思達的成功是建立在他們的犧牲與體諒。感謝他們！

最後還要感謝葉師葉丙成。我常跟他說，他是翻轉教室圈的門神、大法王、掌門人，他在台大教書、又得到全球創新教學獎第一名（打敗哈佛等幾百所世界一流大學團隊）。他的出現、積極投入、以及傑出表現，讓學院內的雜音變得輕細幽微。他掛保證，馬上讓中小學的老師得到鼓勵與信心，他一將當關，萬夫莫敵。我有幸跟著他一起參加了東西南北中五場「翻轉工作坊」，兩次同到新加坡演講翻轉（同行還有優秀的均一教育平台執行長呂冠緯），一次創下全台紀錄二二三六位老師自主參與研習的演講，我從他身上學到太多太多，他是可敬的益友，也是難得且合作無間的夥伴。

（四）

學思達要推廣十年（我預期十年後，學思達會進入自動運行的狀態），這只是剛開始的一年半。我也期待透過「學思達教學」能讓台灣變成全世界第一個大量隨時開放教室的教育先進國家，甚至影響全世界！能不能辦到？我們一起來努力看看。

輯一

我的學思達歷程

01

成長

一個愛講話小孩的絕地大反擊

這一切的最開始，很可能就只是一個愛講話的小孩，在填鴨式教育環境裡，備受壓抑十幾年之後，做出的最後絕地大反擊。

我從小就是個愛講話的小孩。但是台灣教育現場，幾乎不讓學生在課堂上有講話機會。學校不能講話，在家裡，我也不能講話。我的父親非常嚴厲，只對我訓話，從不曾聽過我內心的聲音（當然一人隨軍來台的父親，也不曾有人傾聽過他內心的聲音）；我阿母則是難以理喻，已經離我的心靈非常遙遠（這也不能怪我阿母，這是上天的安排）。當時，父母總是吵架，兄姊很早離家外出半工半讀，我和父母的代溝就像鄉間河道兩頭，我在此岸，父母在彼岸。從我懂事以來，我就常常一個人默默做著自己的事，一個人自己玩桌球、一個人玩筷子神功、一個人在床鋪上練習後空翻、一個人演布袋戲、一個人玩電子遊戲器、一個人射飛鏢、一個人在學校被同學捉弄，割破了父親新買給我的卡其褲、一個人在學校因無妄之災被老師摑臉……沒有人聆聽我訴說內心的苦悶，除了我們家養的狗，小白。更糟的是，幾年後唯一能聽我訴說心事的小白，竟被疾駛而來的轎車輾過，當場一命嗚呼，父親不知用什麼方法把牠處理掉了，我連見小白最後一面的機會都沒有。

因言賈禍，老師「降龍十八掌」伺候

國小六年級時，導師請假，來了一位女代課老師，大約五十歲上下，濃妝豔抹，花枝招展（在鄉下只能用「奇蹟」來形容），穿著高跟鞋，一跛一跛地走進教室，開口便嗲聲嗲氣地問：「你們這裡有沒有石頭？」應該是她的高跟鞋出了問題，需要石頭來修理，當時我不知哪裡來的調皮勁，居然嗲聲嗲氣模仿女老師的口吻回答：「我們這裡沒有石頭！」

沒想到，女老師勃然大怒，命我出來，然後我就遭遇了生平首次的降龍十八掌，女老師用手掌、手背在我的臉頰上急速連番來去，掌得我頭昏眼花、左右搖晃。

好不容易，像過了一世紀那麼久才摑完了臉，女老師終於停住手。我原以為事情就要過去，雲散天青，雨過日出，但女老師還怒不可遏，威脅著說要告訴我爸。我心頭一沉，驚惶不安，因為我害怕父親嚴厲的皮帶抽打遠遠超過女老師的降龍十八掌，這樣的威脅對我簡直就是身心雙重打擊。當然，這整件事可以說是我活該，誰叫我愛調皮模仿。但是，請大家再仔細想一想，這真的是我求學生涯中難得出現的一次機會，終於有老師主動詢問學生問題，而我是那麼愛講話，面對這麼一次難能可貴可以光明正大講話的機會，而我又知道答案，我豈能輕易放過？錯就只錯在我完全缺乏公開講話的經驗與訓練，從來沒有人教過我應該怎樣表達才算得體、合宜，我只能順著搞笑天性，興奮直接表達了，結果就付出這麼慘重的代價！大家獲悉詳情，更應該哀矜而勿喜了！

第二次被打，更冤枉。升上國中一年級，頭一回上體育課，全班在操場邊整隊，鬧哄哄，女體育老師一來，沒想到我居然又被指到，叫出來，女老師又是對我一巴掌（奇怪，我有這麼欠揍嗎？），殺雞儆猴，全班馬上靜悄悄，我的嘴巴和心靈從此之後也跟著靜悄悄了。我開始壓抑自己，我這樣一個愛講話的小孩，從國小到高中壓抑了十二年，但是心裡的聲音一直吶喊著：為什麼台灣學校的課堂上，學生不能講話呢？

這也是為什麼學思達這麼強調「表達」的遠因，感覺好像是在幫小時候的我出氣，或者說是想幫小時候的我，找到一個更好的學習環境，更適合原本就愛講話、可以講話的友善學習環境。如果說，以前上課不能講話的我，是受害者，但現在我已經變成老師，我也不讓學生講話，我豈不是和以前的老師一樣，居然成了迫害學生的加害者。這點，我一定不能重蹈覆轍！我一定要讓學生上課時可以講話，而且不是亂講，而是建立在豐富的知識基底，經過深思熟慮，最後大方、得體、準確講出自己的見解。

苦讀自學，以滿足「錯誤期待」

另外，學思達之所以強調「自學」，其實和我就讀大學時的獨特身分有關。

高中畢業後，我因為語文資賦優異，幸運保送第一志願師大國文系就讀。開學之後，大家都覺得資優生比較厲害，但實際上，我只是一個平凡的鄉下高中生，也許對國文比較有興趣些（顯然比對低成就的數學有興趣太多了），又在資賦鑑定考試之前猛啃了一些智力測驗、多背了幾篇文章，順利在學校評比、全台中區鑑定、以及隨後的全國師大總競試中脫穎而出，保送師大國文系。在師大擁有資優生身分，不但每學期能有一萬元獎學金，還會有一名教授，指導如何寫作論文。因此，無論有意無意，老師、同學都對資優生另眼相待，資優生的頭銜，以及隨之而來的壓力如影隨形跟著我四年。但我只是一個平凡鄉下高中生，我能夠做的就是符合別人對我的「錯誤期待」，所以我幾乎每天苦讀。四年苦讀下來的結果，不僅培養了我「自學」的能力，畢業時還獲得「師大傑出學生」榮譽，這個榮譽當年只有四個，而我是四個學生中唯一一個大學生。

大學畢業之後，我終於深刻領悟到，我所學到的各種知識，都有可能隨著時間的流逝而遺忘殆盡，可是唯有自學能力，卻是一輩子都不會忘記。換句話說，自學能力才是真正能夠帶得走的能力。

我回想國小、國中、高中的求學經驗，所謂的學習，好像就只是傾盡全力要把整本課本都背起來似的，上課一直畫紅線、藍線、黃線，把這個圈起來、那個畫起來，一背再背、一考再考，圍繞著破碎的閱讀、瑣碎的記憶，至於真正有用的知識，完全無感；真正有用的能力，完全忽略。老師沒有時間、沒有興致、也沒有能力提供各種知識形成的過程，只希望很快告訴學生結果和答案，因為考試要及時應付，因為時間實在太趕，學校沒有那麼多時間。老師希望學生很快就學會，很快就能應付考試，只要得到高分，只要能考上好學校，現在學會就行了，上了好學校，全部忘光也沒關係，有沒有能力也不重要。——更可怕的是，這一切都在默默之中、安靜之中完成，因為老師不准學生上課講話。

學思達就是我在教學現場多年實驗出來的新教學方法，之所以急著想要改變這種僵化、甚至是錯誤的學習樣貌，在於我認為真正的學習其實非常嚴肅，也非常活潑。雖然嚴肅，但是學生不會覺得折磨；雖然活潑，但是學生卻深刻學習。何以能夠如此？因為學生真正擁有自主學習，上課可以動口、動手、動腦、動身體，可以自學、合作、討論、溝通、發表、聆聽，學生所有的能力都展現在嚴肅又活潑的學習樣貌當中。真正從學習本身得到喜樂、得到成長、得到滿足、得到成就，學生專注在學習本身，不用多餘的活動，不是把學習當做點綴品，更不是把學習包裝在許多看起來光鮮、亮麗、活潑生動、很有趣的活動的外圍，學思達做到的就是：扎實的、嚴肅的、深刻的、探索的、思考式的有效學習。

02

蛻變 我生命中的三位貴人

我想先來回顧，自己生命中曾出現過的「珍貴老師」，他們深刻影響了我一輩子，而我感激他們一輩子。

珍貴老師分別是：我的父親張炳榮先生、我的書院老師清朝禮親王愛新覺羅．毓鋆先生、祐生研究基金會林俊興董事長。他們真正為我提供了一個「老師」完整的形象。第一，老師應該是學生一輩子相互砥礪的人；第二，老師要竭盡所能栽培學生；第三，老師要幫學生培養出一輩子能帶得走的能力；第四，老師要讓學生看清楚未來的樣子，學生看不到，老師要幫他看到。如果有能力，還要幫學生把前面迷霧打開，讓學生知道自己生命的意義與責任。

我的父親——生命的學問

我的父親只有國小肄業，小學還沒讀畢業，就被轉行經商的中醫師父親叫回家，掌管一處店舖。因此在書香傳家的張家裡頭，是極少數沒有讀很多書的成員。時代動盪，國共內戰，我的父親遭到國民黨強制徵兵而從軍，隨著軍隊輾轉來到台灣，最後意識到可能回不到大陸了，便經人介紹和我阿母結婚，有了自己的家庭。

我上高中之前，若不小心犯下滔天惡行，父親一定喝令我跪在電視機前，好生反省一個鐘頭，然後再處以牛皮褲帶抽打屁股。若是犯上不大不小的過錯，父親則必定責令罰站書桌旁，逐字大聲朗誦牆上書法作品：朱柏廬〈治家格言〉，開頭便說：「黎明即起，洒掃庭除，要內外整潔；既昏便息，關鎖門戶，必親自檢點。一粥一飯，當思來處不易；半絲半縷，恆念物力維艱。宜未雨而綢繆，毋臨渴而掘井……」若在二樓犯錯，則被罰站在祖龕邊的另一幅書法前：〈禮運大同篇〉：「大道之行也，天下為公，選賢與能，講信修睦……」。等我稍稍懂事之後，才知道〈治家格言〉一文乃專講誠意正心、修身齊家之道，〈禮運大同篇〉專論治國、平天下之法。原來父親矯正我偏差行為時，在一樓用的內省之道，二樓則是外達之理，彷彿就在許許多多不大不小的過錯當中，藉由朗誦而潛移默化我大學之道──在明明德，在親民，在止於至善──成為一個有文化道德視野的人。

我的父親也喜歡自鑄新語，來開導我。我小時候賴床，父親便教訓：「孔老夫子說：『一日之計在於晨』，大好時光，都教你給貪睡糟蹋完了！」父親日常生活極為節儉，經常訓我：「孔老夫子說：『大富由天，小富由儉。』這些小東西丟了浪費，總有派上用場的一天。」父親絮叨孔老夫子的話還不過癮，更筆之於紙，貼在牆上，要我每日記誦，權充家訓。最常對我說的一段話是：「你以後最好當醫師或者當老師，不要像我一輩子辛苦。當醫生也好，當老師也好，都必須具備孔老夫子說的『三心』，是哪三心呢？就是愛心、耐心和恆心。沒有愛心，怎能將心比心地善待病人或學生呢？沒有耐心，怎能堅持好的醫療品質或教學品質呢？沒有恆心，又怎能堅持自己濟人或教育理想，並且有始有終呢？」

父親喜歡掛在嘴邊上，對著我嘮叨的另一段話，我終於找到機會把它放進國中作文比賽裡，題目是「反省為修身之本」，還得了首獎。國文老師事後找我談話：「寫得不錯，只是剛開頭引用孔子說：『吾日三省吾身。』解釋成早上、中午、晚上各反省一次，你是從哪裡讀到的？」我回答說是我爸教我的。陳老師說：「令尊記錯了，這不是孔子說的，而是曾子。『吾日三省吾身』也不是每天反省三次，而是利用三件事來反省自己，原文應當是『為人謀而不忠乎？與朋友交而不信乎？傳不習乎？』」原來我父親都是隨心所欲剪裁佳句，統統歸給孔老夫子去講，因為孔老夫子講的話，鄭重、權威、有根有據，有道理。

就連我高中畢業後，獲保送台灣師大國文系，還撈到資優生頭銜，父親樂不可支，直說「咱們張家第一個博士又近了一步」。臨上台北之前，還不斷對我耳提面命：「成功的果實固然甘美，但要保持住卻極難，孔老夫子說：『人而無恆，難矣哉！』切記！切記！」沒錯，孔老夫子是說過這些話，但其實分別出自不同篇章，「人而無恆」出自〈子路篇〉，「難矣哉」出自〈衛靈公篇〉，父親自行拼湊在一塊，反正父親認為可以當作人生南箴，便無有不可。

父親過世之後，偶爾我翻讀《四書》，常常看得又笑又淚——笑父親沒記性，把孔老夫子的話東截西補，前剪後裁，給修成另一段話；淚父親用心良苦，一句又一句孔老夫子說的，給我生命多少高標可供追尋。

我從小就感受到父親的威嚴，他總是用孔老夫子的話來訓我，雖然長大後我才知道很多是他自己拼湊出來，但他所說的話跟我在學校所學有很大不同。他是第一個真正教我生命學問的人，他告訴我做人應該要怎麼做才對、做事應該要怎樣做才對，他生我、養我、育我、愛我，更提供我做為一個人該有的樣型、該有的想望、該有的標準，然後對此叨叨絮絮再三叮嚀，始終不變。

他或許有時不通情理、有時過於嚴苛、有時又專制獨裁、有時又熱愛嘮叨，但更多時候，他流露出許多驚人的美德，他堅強、勇敢、充滿智慧、擇善固執、勤儉、孝順、刻苦耐勞、待人良善……在他身上，早就自成圓足模範，我根本毋須外求。雖然他教給我的這些都不會考，但我覺得這才是我一輩子有用的東西。

林俊興董事長——無私奉獻，為國舉才

也許很多人會納悶，學思達和張輝誠好像突然蹦出來一樣，而且以無比自信之姿登場，速度之快，影響之廣，匪夷所思。其實不是的，我從大學三年級（一九九四年），因緣際會開始接受祐生研究基金會的栽培，時間長達二十年，栽培的費用高達數百萬。

我讀師大時，因為家境清寒，常常會去申請獎學金、參加論文比賽或參加文學獎。大三那年，在註冊組前的公布欄，看到一張獎學金申請書，條件嚴格，成績要全系前五%，申請通過後，還要再寫一篇學科索引書，才可以得到獎學金一萬五千元。我大學成績很好，申請順利通過，寫完索引書之後，也順利拿到獎學金。一般情況是領得獎學金，一切就結束了，但這個基金會很特別，之後每個月還會寄一張通知來，信上註明下個月幾月幾日在晶華酒店四樓某個可以容納五、六十人的包廂裡，邀請你來吃一頓免費自助餐，同時還能聆聽一位專業傑出人士的演講。

當時我讀師大，很窮，從未吃過五星級buffet，所以每個月都去吃免錢的自助餐，吃了幾個月之後，就開始覺得怪怪的，這該不會是一個奇怪組織吧？不然就是宗教團體？可又覺得buffet很好吃，每個月還是抱著疑惑的心情繼續吃，當然也聽了很多傑出專業人士的演講，開拓不少視野。聽了一、兩年之後，董事長終於出現了，董事長說：「這是難得機緣（你看，像宗教團體吧？結果不是！），你們是台灣下一代傑出的年輕人，我要好好栽培你們，你們要有『知識、見識跟膽識』，沒有『見識』的話，就先去外面看看全世界。」於是他訂出一個九年免費環遊全世界的計畫，我退伍之後，就跟著祐生考察團去了南美洲、東南亞、非洲、北歐，九年的時間可以免費環遊全世界，每次旅途還提供一萬五千元的零用金，回來寫個報告，不論好壞，再提供一萬元稿費。在國外時，都吃最好的餐廳、住最好的飯店，看全世界最頂尖的東西。董事長希望團員認真觀察，想想台灣缺什麼，以後你們可以幫助台灣什麼。（有一年SARS流行，考察團就改成在台灣環島旅行，這是我生平第一次住涵碧樓。）

九年過去了，董事長又說：「你們以後要成為菁英，想要領導台灣、改變台灣，你們就要有知識，你們擁有的只是專業本科知識，你們還需要具備通識能力，所以每個人都要再讀三千本書，你們沒有那麼多時間讀，我來幫你們完成。」所以董事長就辦了一個讀書會，這個讀書會是全台灣最驚人的，從民國八十八年一直到現在，持續了十六年還在辦，每週三場（週二、四，晚上七點到九點；週六下午四點到六點），基金會成員有五、六百個不同科目的菁英學生，董事長讓每位成員報告專業領域中最新或最有價值的書。每場讀書會，由兩位成員各報告一本書的精華內容，董事長和祕書長幾乎每場都親自出席，由祕書長主持，成員報告完之後，進行問答，最後再由董事長總結。董事長的總結常從領導者的高度來評論書中內容，不僅讓我大開眼界，視野與胸襟亦隨之開闊、增廣。

董事長為了激勵成員，凡是報告書籍者，每人發贈報告費五千元（現改為四千元，報告時間只有三十分鐘），凡是來現場參與讀書會者，每本可累積一點（在家自行看網路的讀書會錄影者，也可計入點數，——請特別注意這件事，祐生基金會十六年前就「翻轉教室」了，看看董事長的遠見！），累積點數達一五〇點，頒贈〇．五兩黃金，四五〇點就一．五兩，九〇〇點就四．五兩，一五〇〇點就九兩，三〇〇〇點就十五兩，我至今共得到十五兩黃金，報告過了近百本書（學到簡報、得體表達、歸納書中重點、提出價值、連結真實生活的能力），聽了兩千多本書。我當時候的粗淺感想就是，沒想到有這麼好康的事情，聽人報告書還有黃金拿。其實林董事長是用正向獎勵的方式，來鼓勵我們讀書、幫我們累積學識，他看得很遠，他要的是栽培台灣的下一代。

林董事長還希望我們有膽識，於是把有研究專長能力的成員，派入各種研究未來人類生活的組別，提供高額研究經費，更找來專業教授一起合作、指導。我也曾被賦予考察全台灣各地最優秀的十個社區營造鄉鎮自發組織，最後在一群不同公司的董事長們（林董事長所屬扶輪社會員）面前簡報，這是我人生第一次公開正式簡報，聽眾就是重量級的董事長群。簡報順利完成，從此之後，我就再也不畏懼任何場合演講了。

大四時，我已經在慈濟講堂上，代表全國佛學論文獎學金得獎者致辭演講（我因家貧而到處申請獎學金，能上台乃因得到全國論文首獎），底下最前排居中的聽眾就是「證嚴法師」。所以當台大翻轉工作坊，底下有兩位顯眼的聽眾，一位是一直提倡與支持台灣良善行動力改變的嚴長壽先生、一位是主辦的最重要推手誠致教育基金會方新舟董事長，而排在我前面演講的是口才絕佳、聲勢如日中天的葉丙成教授，我只是一個沒沒無聞者，沒有人知道我的能耐如何。但是，唯有林董知道，他長期訓練出的人，已經可以獨當一面了，因為他專注栽培我們二十年了！

董事長後來告訴成員：「我栽培你們是要你們成材，我們家之所以發跡也是別人幫忙，你們成材之後，不用報答我，你們就去幫助台灣。」所以，我常說我這樣看起來有點優秀的人才（我不是資優生嗎？），居然還要接受二十年栽培才終於成材了，才終於有一點點樣子、有一點點能力可以為台灣奉獻，所以前一陣子我很興奮地回去基金會向董事長報告，說我這一年半來推廣學思達，為台灣教育做了什麼樣的努力，引起了什麼樣的改變浪潮。董事長聽完之後，他說很開心，因為他自己的預估值就是培養這五、六百個學生，幾十年來砸下去幾億元，他覺得最後能成材的只有一〇%，他覺得一〇%就足夠改變台灣了。

我常跟很多老師講，一個民間企業主、基金會可以這樣長期為台灣無私地栽培人才，只為了讓台灣可以更好，我們身為老師，在教育現場做些什麼？我們是在栽培我們的下一代？還是在摧殘我們的小孩、摧殘我們的下一代？很多人會覺得學思達講義全部上傳，教法全部公開，資源全部共享……，是無私分享、無私奉獻。我說不是我無私，是董事長無私。他栽培我二十年，我根本不可能有任何私的念頭，我若有私心，我就對不起林俊興董事長。

（林董事長真是個非常了不起的人，他是我見過，第一個默默為台灣做許多偉大研究和事業，卻完全不求聲名的人；也是我見過最富有、卻最謙和的人；也是最有遠見、堅毅與耐心的人。他告訴我們，一個人生命中會有三個貴人，你們要好好把握，才能改變、提升自己的生命。所以，當誠致教育基金會方新舟董事長出現在我的教室觀課時，我很快想起林董事長的話，果不其然，方董事長又成為我生命中的重要貴人。）

愛新覺羅・毓鋆先生——重實學，不空談

真正觸動、震撼我心靈的人，是毓老師。

毓老師讓我知道，必須像我父親影響我一樣，影響學生一輩子；並且讓我很清楚的明白，一定不只是知識，而是生命的感受，真實的學問。我父親有時代和命運的局限，他能講的東西很淺顯，但毓老師真實深入傳統經典，讓我的專業知識與生命學問貫串、結合在一起，讓我終於找到了生命和教學的源頭活水。

我是民國九十二年，第一次到毓老師的奉元書院上課，第一次就受到大震撼。毓老師身著青長袍，頭戴藍小帽，足蹬青布鞋，戴一黑框眼鏡，鬚髯飄長若雪，精神矍鑠。我當時著迷於看「雍正皇朝」，直覺毓老師的舉止氣象，簡直就和戲裡的康熙皇帝一模一樣。毓老師當時已經九十八歲，一開頭便說：「看破世情驚破膽，萬般不與政事同。政治現實，好像一陣風，但是你有風可以刮動別人嗎？你們必得要守人格、愛台灣。中國人的，思想

是天下思想，半點迷信沒有，平平整整是自我平天下之道，現在講中國學問的，全無學術生命！」忽又停住慷慨語調，問：「你們看我今天精不精神？上個禮拜上吐下瀉，到今天才開始吃硬饅頭，就來給你們上課。」忽又語調變高，正聲道：「你們必得要鍛鍊自己、必得要成材、為這塊土地謀點幸福，才不愧為文人。什麼是文人？古曰文人，今曰政治家，經天緯地謂之文！」然後又鬆緩語氣說：「你們看我這麼精神，像生病嗎？我每天晚上還得跑跑台灣問題。」接著，毓老師便氣足勢壯地說講起《易經》。

我當時所受的感動和震撼，既巨大又複雜。一位九十八歲高齡老先生，抱著病體，猶自精神奕奕講學不輟，那麼《論語》上所說「誨人不倦」、「樂以忘憂，不知老之將至云耳」的句子，根本就不需要任何解釋了。還有什麼例子，比眼前更為貼切？不講求自身幸福而去圖謀天下大利，樂以天下，憂以天下，這不正是古聖賢相與的責任與使命嗎？還有什麼比毓老師躬身實踐、薪火相傳更為落實？而毓老師身上所散發的尊貴氣息、風姿神采、以及鼓蕩豐沛的生命力，又經常讓人忘了他已年近百歲，彷彿才只是四、五十歲的壯年男子，正說著振聾發聵的話，要啟人迷思、激人志氣、鼓人發動。

毓老師當時每週講課三次，和以前體力好時，一週七日天天上課少些。週一講《易經》、週四講《四書》、週五講《春秋》。上課時，毓老師總是中氣十足地講論經文、月旦人物、批陳時事；逢上慷慨處，霍地一聲響，覆掌擊案，頓切激昂，興味淋漓，極其精采。

毓老師講書重實學，不尚空談。他常說：「學問沒有作用，就不是學問。」「有利於民生就是實學！」「經書不講玄學、哲學，完全是解決人與人、國與國之間的事，更要解決天下事。」因此他特別注重修身，經常叮嚀學生：「注意！必得要成就自己，人最重要的是人格，以德為本，為政以德，沒有成就，就是德不足。有德必有成、必有後。」修身有成，還要發揮影響力，對社會國家天下有所貢獻。

毓老師講經，和尋常大學教授尋章摘句的考證解說，自不相同。他講經乃欲汲取其中智慧，供作實踐，達臻修齊治平之域。故而講經時，總是鉤玄提要，以經解經，貫通六經，不作支離破碎之論。毓老師講學全在於「為天地立心，為生民立命，為往聖繼絕學，為萬世開太平」的氣魄和志向上，而這些並非泛泛而論，都得從經典中汲取智慧與力量，實實在在付諸實踐。

毓老師乃滿清皇族，源出禮親王一脈。有清一朝，世襲罔替的鐵帽子王共有十二位，出自禮王府即有三名。第一代禮親王代善，乃清太祖努爾哈赤次子，戰功彪炳，一片忠心，原有機會繼承大統，卻轉而支持皇太極即位，受封為和碩禮親王。禮親王一脈，從崇德元年（一六三六）至清朝遜位後三年（一九一四）共二七八年，歷十代，傳十五王，聲勢顯赫，人才濟濟，宗族中絕無僅有，堪稱「清代第一王」。毓老師為禮親王代善嫡裔，生於光緒三十二年（一九〇六），幼時曾入宮讀書，受業於陳寶琛、王國維等名儒。七、八歲時，太福晉（親王正室，毓老師母親）親授四書，十三歲時讀完經書。後留學日本、德國，曾於滿洲國任職。民國三十六年到台灣，初到台東，教育山地學生三年，後回到台北，任教大學數年，又自辦奉元書院講學，於今六十年矣。毓老師於中國近代史，親身經歷者多，名公巨卿，多曾交遊周旋，於朝代更替之際，特有感受。

毓老師一生傳奇，卻始終如孔子所說：「君子無終食之間違仁，造次必於是，顛沛必於是。」偶回顧自己一生事業，曾感嘆地說：「老師在日本滿洲國時不做漢奸，老蔣時代不當走狗，到現在，人還不糊塗！」有一回上到《易經．乾卦》：「初九，潛龍勿用。子曰：龍德而隱者，不易乎世，不成乎名，遯世而無悶，不見是而無悶，樂則行之，憂則違之，確乎其不可拔，潛龍也。」（白話：一個有龍德的人卻隱藏自己，不受世俗改變，不想在這個時代成名，因此遁世隱居，卻不鬱悶，不被人認同，也不鬱悶，喜歡就去做，不喜歡就不做，意志堅定，完全不可動搖，這就是潛龍之德。）毓老師忽然說：「我六十年就守這一爻！」我當時極受感動，從沒想過竟有人會用六十年光陰，躬身遵守一句經典，其毅力教人不可思議；也沒想過，一句經典就能有如此豐沛力量，足供堅守六十年而毫不動搖。經書之生命力，便可想見一斑。——毓老師大隱隱於市，講學論道，六十年堅守，正是潛龍之德。

每回在書院上完課，我走出公寓，胸腔之間總飽漲著一股氣，覺得自己有無限責任，必須趕緊努力，趕緊造福人群，甚至趕緊平天下。那股氣，正是毓老師上課時所灌輸的，讀書人的責任感。我如今回想起來，總覺得倘若孔門弟子上課情景能再次重現的話，大概就和奉元書院的氛圍沒有太大差別，一樣是切磋以德，琢磨以道，激勵以天下為己任。換言之，毓老師其實就是和孔子同等氣象的人，同樣是望之儼然、即之也溫，聽其言也厲，博人以文，約人以禮，仰之彌高，鑽之彌深。

毓老師的生命，早和經典融合為一。他的力量就是中國學術的力量，他的生命就是中國學術的生命。他是君子，也是文人，更是大宗師。

毓老師給我的震撼和啟發都太大了。我讀中文系，在大學學到的東西，有很大一部分，就是清朝遺留下來的文字、聲韻、訓詁之學。毓老師說，這是我們清朝拿來籠絡讀書人、控制思想的做法，現在寫論文不也是這樣嗎？毓老師生長在帝王之家，習讀中國經典，他們是要從經典中，學到智慧與實學，拿來治國，學來統御，不是拿來寫文章、做學問。毓老師常說，讀那麼多書，會用嘛？當代讀書人，只會把學問講得虛無縹渺。毓老師的清朝滅亡，照理說他應該憤世嫉俗，但是他沒有，他隱於世，藏道於民間，六十年來默默栽培台灣一代又一代。所以台灣老師們應該一起合作，共同栽培下一代，把彼此的胸襟打開，不要只想著當個人英雄。我之所以這麼有勇氣開放教室，而不是悠悠哉哉當個作家繼續寫文章，就是毓老師告誡我的：「稍微用點心，都知道自己的責任重大！人一生，轉眼就沒有，不做當務之急，還自欺欺人！」我必須要有責任感，要有魄力，去改變台灣教育現場。

三個珍貴老師，三個貴人，三股珍貴力量，慢慢讓我領悟到：要當老師，要有學養、傳承和責任感。所謂師者，傳道、授業、解惑。我從毓老師身上，看到經典的生命力；從林俊興董事長，看到實業家的遠見與無私；從父親身上，看到家教的力量。我自己的經驗又告訴我，人才栽培，真實的能力，需要漫長時間，如果學思達將來真的能對台灣產生影響力，都是因為別人有遠見、長期培養、深具耐心之故。如果說，像我這樣的資優生，都還需要長達二十年的培育，為什麼老師們不更早、更及時地栽培學生呢？為什麼不讓學生從國小一年級就開始栽培呢？一直栽培到讀完大學，整整十六年，出社會只要再栽培四年，就能成材了啊！

學思達要做到的就是讓老師開始栽培學生，學思達可以讓學生幫學生，也能讓老師幫老師，彼此之間是相互幫助，不是相互打擊與摧殘。學思達之所以感人，就是這個互助的歷程，從我一個人孤軍奮戰，到愈來愈多老師響應，加入開放教室行列，然後又感動更多老師響應。當愈來愈多老師開始學思達，大家就清楚知道，愈來愈多下一代開始受到良好的學校教育栽培，台灣的未來才更有希望！

03

契機 學思達教學成形的初衷

學思達教學法，是一套完全針對學生學習所設計出來的教學法，真正訓練學生自「學」、閱讀、「思」考、討論、分析、歸納、表「達」、寫作等等能力。透過製作全新的以問題為導向的講義、透過小組之間「既合作又競爭」的新學習模式、將講臺還給學生、讓老師轉換成主持人、引導者，讓學習權完全交還學生。促進學生學習興趣、增加學生各種能力、增進學生閱讀、思考、表達、寫作等綜合能力。以老師單純口述為主的傳統教學法不是不好，只是它偏重在訓練老師，而不是學生。

我之所以開始發想、實驗、進行學思達教學，主要是受到以下五個刺激：

刺激一、北京的完全開放教室

同校同事莊滟芬老師二〇一一年到北京四中參訪回來後，在國文科會議上說，北京四中校長直接拿出全校課表，讓中山師生自行選擇進到任何一間教室聽課。我聽完之後，大吃一驚，這是何等自信之語，何等自信之舉（此前我亦去過北京四中兩回，當時四中尚未能做到如此）。

我自個兒捫心自問，真辦不到也（後來我做到隨時開放教室，同校黃琪老師又帶學生到北京四中，回來跟我說：「北京四中已經做不到隨時開放教室了」）雖然我也曾讓許多台灣、大陸的老師團體來課堂觀課，但我拿得出手的得意課程，只是我自個兒發明的「以小見大」教學法，通常是每篇新課的第一堂課，我會從單篇課文折射出整本著作（如從〈劉姥姥進大觀園〉講到整本《紅樓夢》，從〈范進中舉〉講到整本《儒林外史》，從〈庖丁解牛〉講到整本《莊子》思想，諸如此類），明眼的人一看就知道，這是在炫學，這樣的炫學教學方式，確實讓許多前來觀課的老師們頗為佩服，當時我亦頗以此自豪。

別人來參觀，我都是正常教學，從不曾特別彩排（故意這樣說，當然也有自得之意）。一直到幾年前，忽來了一團上海「特級國文教師」來校參訪（大陸中小學老師有區分等級，分初級、中級、高級、特級。特級極難，是學校的活招牌，待遇和地位可比大學教授），本校又推出三人來示範教學，我是其一，剛好要教《孟子》。

示範之後，連我的學生下課後，都忍不住跑來跟我說，老師教得真好（當時是全新的班級）。但有另一學生來說，一團來訪的老師從後門走出後，其中一位老師拉著她，對她說：「你們老師教得雖好，卻是傳統講述法，學生沒有互動，也沒有問答！」我聽了之後，頗不以為然，覺得我的得意之作被羞辱了（我現在反倒為當時反應捏把冷汗，覺得慚愧極了，為什麼？容後再說）。課後座談會，我特地把這位老師講給學生的意見給說出來，然後只見上海教師分成兩派：一派支持我，另一派則認為「師生問答啟發教學」會略勝一籌，最後演變成攻防戰，當時真是有些尷尬。

刺激二、佐藤學教學主張的激盪

二〇一一年，本校中山女高邀請一名北市國中校長來演講「佐藤學的學習共同體」，講他去參觀東京受佐藤學「學習共同體」影響過的學校，拍了許多照片。中山女高楊世瑞校長在研習時，贈送每位研習者一本佐藤學的書，我趁研習時光一口氣把書讀完了，讀完之後，大吃一驚。

佐藤學的書裡，有太多我必須大點其頭完全認同之處，如他要讓傳統的教學歷程中著重於教師單方面的「教」（教授），扭轉成著重學生學習的「習」（學習），唯有學生自主、高效率、充滿思考性、體驗式、討論式的學習，才能把「從學習中逃走」的學生重新拉回樂意學習的行列。又如他說：「即使一個公立學校老師教學非常精采，只要關上大門，孩子就被私有化，教室被私有化，學校被私有化。」諸如此類……但是具體的操作，我還沒有想清楚。（不過，當時我的直覺是把台灣教室學生座椅也強迫改成ㄇ字形，一定是膠柱鼓瑟的做法，不但勞師動眾，而且事倍功半，一定還有更好的方式。後來證明我的觀察和看法是對了。）

刺激三、「中國好聲音」的競合形式

中國有個選秀節目「中國好聲音」，其中有一集是讓參賽者倆倆一組，合唱一首歌，但最後只有一個人能夠勝出。我被這一集完全吸引住了，實在太動人了，因為觀眾看到那兩個人無不使出渾身解數，演唱出一首極為出色的歌曲，超乎尋常太多太多。這裡頭同時存在著合作與競爭，合作讓力量更加強大，競爭又讓彼此突飛猛進。我當時便暗自決定，我要想辦法讓這套「既合作又競爭」的模式，運用在我的高中現場教學之中（其實我在大學兼課時早就這樣做了，詳見下段文字）。

刺激四、學生當評審，學習位階變高

我從二〇〇四年起陸續在世新大學、台師大兼課，教授大一國文，開設「小說與電影」，整學年的作業只有一篇小說和一部微電影。當時我的想法就是，教那麼多寫作技巧，直接表現在小說上，才是最好的學習效果；看那麼多經典小說改拍成的電影，最好的回饋就是拍攝自己小說作品成為微電影。這樣做不但可以檢驗學習成效，最後學生還有屬於自己的創作。

但是要看這麼多小說和影片，對兼課的我來說，卻是個沉重負擔。

所以我想出一個好點子，我讓每個同學都要看到其他所有同學的作品（不是只有我看到所有作品），然後每個同學都要給其他同學作品（全部作品都必須匿名，只剩編號，交辦班代去做此事，同學寄作品給他，整理所有作品之後，去掉名字，寄回所有作品給全部學生，有名字的作品則只寄給我）打分數和寫評語（不是只有我給評語而已，這樣每部作品就會有所有同學的分數與評語），學生作業的分數就是同學所給的分數，然後再加上我看他們每一位所寫的評語，再給的另一個分數。這樣就會看到，所有學生在觀看作品（小說和微電影）時的專注表情，寫評語時的認真神情，還有拿回作品時，同時也拿到一大堆同學的評語和建議（我規定評語只能良善建議，不能批評，若有批評，我會給「批評的同學」很低分數）。

我覺得這樣的方式非常好，不全然老師變得輕鬆而已，也把評審位置同時給了所有同學，他們都有了更高的學習位置。當時，我已經開始擔任各種文學獎的評審工作，所以也想讓學生體驗擔任評審的感覺，而且這樣做，所有同學才能同時看到好作品和壞作品，壞作品的作者才有學習和效法的對象；重點是大家品味其實都很接近，對好作品的共識非常高（若是有遺珠之憾，我一定會在最後特別頒一個「遺珠獎」，說這個同學的作品太厲害了，厲害到一般大學生根本看不出他的作品有多好，只有老師這種專業人士才知道他有多好。各位想想就知道，這句話和這份鼓勵，對這位學生是有多大的肯定！）。當然，我也想要把它融入我的高中教學現場，我當時並沒有意識到這就是現在最夯的「多元評量」和「差異化教學」，我只是覺得能減低教師負擔（一個老師評語寫得再多，也比不上四十個同學的評語分量），又能得到更好的效果。

而且我還搭出一個舞台，讓全部分數加總起來的前十名進入決選（不知作者是誰，所以很刺激），最後讓同學深度討論這十篇作品，進入舉手投票表決，每人只有三次舉手機會，心目中的第一名給三分、第二名給兩分，第三名給一分，最後加總起全班的評分分數，逐一公布三名佳作、還有前三名（過程也很刺激）。老師要做的就是提供獎品（我都拿家裡用不到的贈品，有些其實很珍貴），我到後來看到學生寫出的優秀作品，常常情不自禁就直接把兼課費拿出來（還經常倒貼）當獎金，這完全是良性正向刺激，認真的學生得到肯定和成就感，不認真的學生得到學習、刺激和見賢思齊的機會。（換了新學期和新班級之後，只消拿出上學期學長姐寫出的第一名小說作品和第一名影片，新同學就會站在更高的基礎上（或者說刺激），就會想要做出更高、更大、更好的突破！——沒想到，葉丙成兄和我一樣愛用此法，所見略同，只是他運用起來更加精深高妙。我在這兩所學校兼課，大一國文教學評鑑都曾經得過全校第一名。）

刺激五、學生專注聽講做筆記的神情

因為我太喜歡二〇一二年的兩個畢業班，所以破天荒時常熬夜，一個人在深夜中，為她們做完四十篇必選課文的大考作文講義，然後我用了一個法子訓練她們的思考，我在課堂上一題一題詢問，抽籤讓人回答。被抽中的學生，上台用麥克風講答案，我再從她的答案，慢慢引導她們思考出正確或更準確的答題方式和正確答案。

我見她們認真聽講和做筆記的神情，一方面感動，一方面難過。感動的是全班都十分投入的認真神情，這是上課時罕見的（一個老師上課上得再精采，也很難全班「全部」都神采奕奕、精神專注，難免會有一、兩個學生眼神迷茫、精神不繼）；難過的是，我感覺自己像補習班老師，大考來臨之前為她們抓重點、臨時抱佛腳。所以我暗下決定，我要讓學生這樣的專注精神，出現在日後的每一堂課，而且讓自己不會有像補習班老師的感覺。

以上五點刺激，促成我發展出這一套「學思達」教學模式，希望課堂上可以讓學生自然而然維持專注學習神情，而且還能訓練學生思考與上台表達能力。二〇一三年九月開學之後，我做了一系列的革新，歡迎所有人，不分校內、外，也不分老師、家長，都可以隨時來觀課。我要讓大家看到，沒有一個學生睡覺（除非特殊狀況，如生病、身體不舒服，並且經過我的同意）、沒有一個學生不專注、沒有一個學生打瞌睡，這是如何做到的？

04

沉痾

落後的教學技術與評量方式

我認為台灣教育問題的根源在於：老師填鴨教學方式不動如山，以及評量工具的僵化落後。

台灣教育改革歷經二十年，有著許許多多的革新，也確實帶動教育現場的進步。但是如果我們再深入探尋教改的核心目標：「減輕學生學習負擔，打造健康而良好的教育現場。」事實上並沒有辦到。學生的學習負擔並沒有減少，每天的小考文化也沒有消失，學校仍然是不健康的學習環境，不健康的學校生活又導致學生產生不健康的家庭生活！

為什麼會這樣？因為最重要的老師教學技術，幾乎完全沒有改變。

在台灣，沒有一個老師願意提供填鴨式教育，但最後卻都在填鴨！原因很簡單，因為老師霸佔講台，從上課第一秒鐘，講到最後一秒，一直採用單向式口述講課，就是最典型的填鴨！

填鴨教學方式不動如山

為什麼老師大多採用單向式口述教學，這也不能全怪教學現場的老師，因為台灣老師的求學經驗、師培訓練過程遭遇過的老師幾乎都這樣單向式口述（填鴨）教學，就連考取、分發進到學校任教，同事之間也都這樣填鴨。久而久之，填鴨成了常態，別人填鴨，我也填鴨，自然是再正常不過。

老師單向式口述講課，當然有其優點——填鴨可以濃縮知識，讓學習速度加快。這就是為何亞洲，即使先進如日本，會是全世界最大的填鴨教育地區。因為，西方工業革命之後，各種知識突飛猛進，落後的亞洲要急起直追，就必須囫圇吞棗、填鴨加速；再者，亞洲大多經歷過強人獨裁統治，獨裁者並不希望國民會思考、能表達。然而，台灣已經是進步國家、民主社會，我們的教學技術，卻還是落後國家的思維、獨裁者的心態。不信，請大家摸著良心想一想：當老師上課時，叫學生閉嘴，不讓學生發表意見，這種教室風景跟強人獨裁者高壓統治國家，有什麼兩樣？老師關起教室的門來，居然成為教室裡的獨裁者！

填鴨教育釀成四大缺點

老師單向式口述講課，固然有其優點，但是缺點太多了，姑且羅列如下四點：

第一，學生的學習意願低落

我常說我們的小孩還沒進學校之前，都喜歡纏著父母親問：「這是什麼？」「那是什麼？」「為什麼？為什麼？為什麼？」常問到父母的知識疆域極限之處，答不出來，不知所措。好不容易盼到小孩上學了，總算可以把問題交給學校老師。

結果，小孩到了學校之後，老師所做的第一件事，居然是叫學生閉嘴，而且一閉嘴就是十幾年！更糟的是，原本小孩還對世界充滿好奇，喜歡問為什麼為什麼，可是老師不但先叫閉嘴，還不斷直接告訴學生答案，小孩根本不想知道這些答案，但老師卻要求背起來，於是考試就出現了。

小孩開始不想坐在教室裡，學習興致逐漸低落。可是小孩不能走，因為國家強迫小孩坐在教室裡（除非小孩的父母親有能力提供自學環境），小孩不來，父母會被國家處罰，這是義務教育。

第二，學生的學習成效低落

學習金字塔的概念圖（如頁六四圖），老師和家長們或許耳熟能詳，雖然未必完全準確，但還算符合大眾的學習經驗結果，姑且拿來當做參考。老師進行填鴨，學習成效只有五%。現在老師的教學技術，跟二、三十年前的教學技術相比，有什麼明顯差異嗎？幾乎沒有，如果有，很可能也就只是資訊融入教學，加上了PPT，學習成效從五%躍上二〇%！

但是另一個驚人的實驗結果告訴我們，一個學生最佳的學習時間只有十五～二〇分鐘，台灣教學現場每一堂課卻是四五～五〇分鐘。如果老師有用PPT，過了二十分鐘，就開始從二〇倒數；沒有用PPT，就從五開始倒數，直到學生

翻轉教育統合教學

讓學生咀嚼知識，直到能「說」出來，才是真正的完整學習！

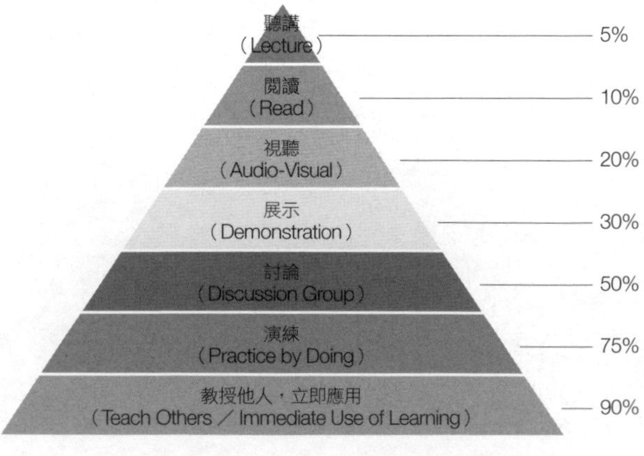

眼神模糊或倒頭睡著，變成〇。換句話說，台灣教學現場，失去了高效益的教學技術與教學成效，以及維持學生學習成效的高昂興致！

第三，老師完全不知道學生的學習狀態

老師教學採用填鴨，必然忙著趕進度，學生到底聽懂了沒有？老師根本不知道。所以「考試」緊接著就來了。填鴨教學不改變，小考文化就永遠不會消失，因為這是老師唯一能夠確認學生學習狀況的工具與手段。

考試，成了老師確認學習狀況的最佳工具之後，考試的結果——分數，就成了老師診斷的憑據。於是，分數主義至上，自然而然就成為老師和家長獲悉學生學習的唯一方式；升學率，也就自然而然成為學校之間的競爭憑據。沒有人在乎，學生能力是否得到良好的訓練與培養；也沒有人在乎，學生不是學不會，而是在被切分出來的時間期限內還沒學會，如每個月的段考、每三年的大考。沒人可以忍受學生在學習的時間差異，大家都被迫要在同時間學會，若學不會，就是成績差、低成就！

考試，意外成為推動台灣學生讀書的強大動力，準確來說，是強大壓力。台灣學生每天晚上都是為了隔天的考試而讀書。如果大家夠敏銳，馬上就會意識到：學生日後考上大學，什麼時候才會看書？期中考和期末考之前的一到兩個星期。離開校園之後，終於沒有考試，學生自然而然也就不讀書了，這也是為什麼台灣國民閱讀率低落的主要原因。

追根究柢，沒想到，竟然是台灣老師填鴨教學聯手打造出來的惡果！

第四，破壞學生大量學習的機會與能力

如果把老師上課一個小時的講述內容打成逐字稿，大概有五、六千字（講話速度當然可以再快，但學生就聽不清楚了）。我常說，只要聽老師上課的語速，就能知道這位老師三年能夠提供的知識量，因為老師的語速，決定了老師三年能夠提供的知識量。而這也是台灣老師教了五、六年書之後，就再也不用進步的主因，縱使老師學再多，課堂上也派不上用場，因為時間不夠。這同時也是大學教授教了一整年，卻經常連教科書都教不完的主因。問題是，正常學生的閱讀速度和理解速度，一定超過老師講話的速度（學生自學閱讀的速度遠遠超過老師講話的速度，不用訓練就已經是老師講授的三倍，如果再訓練過，就會變成五倍、十倍甚至二十倍。），換句話說，當老師上課講愈多，就愈浪費學生大量學習的機會，而且學生的閱讀速度經過不斷訓練，速度會愈來愈快、吸收的知識量也就會愈來愈大。更重要的是：閱讀能力、理解能力才是學生可以帶得走的能力！

填鴨教育養成「五大能力」

且讓我們真心來反省一下，當老師進行填鴨，訓練了學生什麼樣的能力：

第一，忍耐力。老師上課上得好，學生忍耐就少一點；上得不好，學生就需要很強大的忍耐力。

第二，定力。填鴨教學現場，學生不能講話、不能吃東西、不能走動、更不能睡著，學生就需要非常強大的定力。（我常納悶，台灣流行打禪七，其實不用那麼辛苦到寺廟修行，直接進到國、高中教學現場旁聽就行了，效果比去寺廟打禪七還管用。）而且國小到高中的孩子，是最青春、最可愛、最活潑、最希望可以大肆講話的時期（我小時候就是這樣，結果被摑臉！），但是我們很快就用老和尚的標準在要求他們，真是沒道理呀！我不免常戲謔台灣的學校跟監獄沒什麼兩樣，學生就是受刑人，八點開始服刑，五十分鐘之後，放風十分鐘，好不容易捱到下課，以為出獄，沒想到只是假釋而已，隔天還要服刑，這個獄期有多長？原本是九年，現在要延長到十二年，這堪稱是十二年國民義務服刑教育，因為學生很痛苦。

第三，專注度。學生把專注聽課的眼神表現出來，好滿足老師的虛榮感。

第四，聽力。認真聽老師講，好滿足老師希望學生表現的第五個能力：抄筆記。

想起來真悲哀，台灣老師心目中最理想的學生是什麼樣態，不就像曾經中風、半身不遂、失去行動能力（老師希望學生坐好、不要亂動）、嘴巴癱瘓（老師希望學生不要講話）、眼睛失去眨眼功能（老師希望學生表現出專注度）、右手還能動（因為老師希望學生抄筆記），——難道這就是台灣老師心目中最理想的學生樣貌嗎？

習慣接受填鴨教育後，台灣的學生根本不會讀書，全都是背書大賽、應付考試、擁有強大背誦能力和一點點理解能力，其他重要能力幾乎都沒有接受過良好的訓練與栽培。我在大學兼過幾年課，我常跟大學生講一件事情，我說：「台灣教育用十二年填鴨式教育來荼毒你們，你們就用四年大學玩樂來報復國家。」叫大學生讀一本書的難度，遠遠超過看一百集韓劇，學生可以花一百個小時看韓劇，但要他們花兩個小時看一本書，就覺得太難、太痛苦了。

就算我們閉著眼睛不想面對，我們的國、高中生還是這樣生活著：

第一，上課非常無奈。即使上述五大能力已經很好了，但老師認為好還要更好，百尺竿頭，更進一步。

第二，下課就去補習。為什麼台灣的補習這麼風行、這麼氾濫？就是因為學校的功能太差、學習成效太低，學校每天都在考試，當然補習班也好不到哪裡去。台灣教育鬆綁了嗎？只要填鴨教學技術一天不改變，台灣教育就不可能鬆綁，考試只會愈來愈多，不會減少，因為學生早就已經被訓練到不考試就不讀書了，老師就用愈來愈多的考試來強迫學生讀書，進入惡性循環，等到離開校園就絕地反擊，不再讀書。

第三，睡眠不足。台灣學生每天為了考試而讀書，晚上都幾點睡覺呢？國中生大約是十一點左右，高中生更可憐，大約十二點左右，超過一點、兩點睡覺的也不在少數，可是隔天六、七點就得起床，睡眠嚴重不足！所以每天一定要安排午睡時間，因為早上折磨學生四小時，不讓學生睡一下，恢復體力，如何面對下午四小時的折磨。到了星期六、日，學生就直接睡到中午！（很多學生變成大學生之後，自然而然變成夜貓族，隔天早上若沒有課，就睡到自然醒，這也是高中養成的習慣）台灣的小孩沒有正常的家庭生活，沒有健康的學校生活，這些都是病態。問題是，以前我們當學生時是受害者，現在我們是老師了，我們變成了加害人。學生受不了填鴨式教育，跑來訴苦，我們難道只能語重心長地告訴學生：「同學，你要搞清楚，老師也是這樣苦過來的啊，吃得苦中苦，方為人上人！」難道台灣老師只想栽培學生成為考試機器，不願意栽培學生其他重要能力嗎？

教育部一直提倡要發展學生的多元能力，而學忠達要做到的就是：讓學生上課變得有趣，下課運動（不用去補習），每天動腦，睡眠充足。換句話說，就是還給台灣下一代小孩一個正常而健康的學校與家庭生活。

落後的評量工具，無成效的學習

台灣老師上課填鴨，不知道學生學習成效，考試隨之而來。填鴨不好在前，沒想到台灣的僵化考試又殘害於後，雙重夾擊，台灣教育就陷入了惡性循環的泥淖。

台灣教育現場的考試（或者說評量）到底出了什麼問題？

第一，台灣評量學生的工具形式，是不斷拋棄的過程，也就是學生日後未必會再使用到的能力。

此話怎講？台灣國小學生的評量方式，低年級主要是「是非題」，中年級出現「三選一單選題」，到了高年級就出現「四選一單選題」；到了國中，完全變成「四選一單選題」，請注意，「是非題」被拋棄了；到了高中，又出現了「多選題」，換句話說，「單選題」又被拋棄一半；到了大學，評量形式又變成「問答題」，「單選題」、「多選題」全部被拋棄、被淘汰了。也就是說，台灣評量學生的工具，是不斷拋棄和淘汰的過程。（心思細膩的讀者應該敏銳察覺到，為什麼台灣教育現場不在國小時就教學生回答「問答題」，這樣學生上大學之後不就沒有「銜接」的問題了。為什麼台灣的大學老師經常罵大學生，沒有求知欲、沒有閱讀習慣、沒有思考力？其實就是這種僵化的評量方式造就出來的結果！）

是非題、選擇題和多選題有什麼優點？優點就是公平、方便、有效率。缺點呢？實在太多了！

（一）是非題、選擇題和多選題，都是錯誤理解知識的評量工具，也是錯誤理解知識的過程。真實的學問、生活的難題，並不會有固定四到五的選項可以選擇（有時連選項都沒有，或者多達幾十個選項），而且裡頭居然還藏著一到數個正確答案。大家想想，一個開創性的研究或發明，會有答案可供選擇嗎？三、四十年前的考題選項會有根本尚未發明出來的「手機」、「網路」……嗎？只學會輕鬆選擇答案的學生，將來如何可能訓練出開創性的思維與見解？

（二）是非題、選擇題和多選題，很容易讓學生變得非常功利，會考才看，不考就不看。考完之後，大家不一定在乎為何正解是這樣，而是一直爭議著為何另一選項不能選，為什麼不能送分。這種評量方式，是標準的支離破碎理解知識的過程，同時伴隨著許多陷阱與爭議，對於知識正解的形成過程，興趣缺缺。

我且舉兩道選擇題來說明：

【二〇一四年基隆市國中國文科教師甄選試題】

2. 臺北市立中山女子高級中學國文教師張輝誠博士，大力推廣提倡之「翻轉教學法」，下列選項何者正確？

（A）學思達（B）學思遠（C）學思道（D）學思通

【二〇一四年中區聯盟國小教師甄試國語文試題】

23. 中山女高張輝誠老師的翻轉教室工作坊推廣「學思達教學法」，強調的是下列哪一選項：

（A）自學、思考、表達（B）自學、思考、通達

（C）勤學、思考、表達（D）勤學、思考、通達

我看到這兩道題目，真是一則以喜，一則以憂。喜的是，出題老師相當關注台灣最新教學改革浪潮；憂的是，這樣的考題正是學思達想要改變的對象。我很想再繼續追問的是，就算應試考生答對了選擇題，可是他們「真的懂」學思達了嗎？真的懂學思達之後，

他們「真的能用」學思達上課嗎？——這兩個問題，身為老師很可能都應該要時時在教學現場謹記於心：我教的東西，學生真的懂了嗎？學生懂了，真的能運用出來嗎？

（神奇的學思達臉書網友，模仿了三道類似題目，附錄於後，博君一粲。

題目一：下列何者是台灣民族抗日英雄？（A）丘逢甲（B）丘逢乙（C）丘逢丙（D）丘逢丁。

題目二：下列何者是獲得全球教學創新大獎的台大帥哥教授？（A）葉甲成（B）葉乙成（C）葉丙成（D）葉丁成。

最後一題，難度較高。

題目三：下列何者是釋迦摩尼佛的本名？（A）悉達多（B）悉達少（C）悉達剛剛好）

第二，台灣評量學生的工具內容，只會訓練出學生背誦、理解與猜題能力，無法真正啟動學生思考、更不可能訓練出各種高層次的學習能力（運用、評鑑、歸納、創造等能力)。更糟的是，當學生背誦一大堆知識內容後，目的只為了應付考試，博取高分，等到通過考試，不論分數高低、不分考取學校滿意或不滿意，背誦知識只是為了經歷考試，一旦考試結束，所學知識就自動忘光光(不信，請讀者自行回想高中所學，大家還記得多少知識內容?)，更糟的是，學生在學校什麼能力竟然都沒學到!

那麼應該怎麼辦?學思達可以解決這個問題!

也許台灣教學現場考試評量形式暫時還無法改變，但是上課現場卻可以先行改變，關鍵就是:以「問答題」取代「選擇題」和「是非題」。

請記住，「選擇題」若是不改變，必然一直殘害台灣下一代;只有「問答題」才能誘發學生的好奇心，刺激思考。

老師想要訓練學生什麼能力，就設計什麼樣的問答題在課堂上來問學生。問答題可以訓練學生各種豐富的能力：基礎認知能力、理解能力、閱讀能力、歸納能力、創造能力、評鑑能力、寫作能力、表達能力……幾乎無所不包。請記住：「問答題」可以包含所有的「選擇題」，而且「問答題」的難度比「選擇題」高。

如果說台灣教育的根源問題是「老師填鴨教學方式不動如山」加上「評量工具僵化落後」，學思達就提供全新的教學方式，協助台灣老師改變填鴨教育方式；同時又提供全新以「問答題」為導向的學思達講義，協助台灣教學現場突破「是非題」和「選擇題」長期纏繞出來的重重厚繭，讓台灣學生可以自由自在地探出頭來呼吸、成長、健康學習！

05

翻轉

顛覆傳統，尺蚓穿堤耕耘教育沃土

教書十九年來，我一直反省的幾個教育現場問題：

一、為什麼我不敢「隨時」開放教室讓人參觀？

我用這個問題問了全台灣上千位老師，答案不外三種原因：第一，老師對自己教學沒有信心。第二，老師對自己教學非常有信心，但對學生的課堂表現沒有信心，萬一學生在課堂中睡著，豈不讓人家看笑話！第三，老師對自己教學非常有信心，但這是自己多年修鍊出來的祕笈，不想免費公開給人學走。第一個原因，隱含著一個訊息，老師對自己教學沒信心，受害者很可能就是學生。第二個原因，對學生課堂表現沒有信心，意味著班級經營可能出問題。第三個原因，不想免費公開，很可能意味著老師自私。換句話說，只要不願開放教室，或多或少都存在著問題。

我慢慢意識到「開放教室」和「觀課」這兩件事的重要。其實，同校老師之間隔著一間教室的牆如同隔著一座山，不同學校之間隔牆如隔海。唯有開放教室，才能打破這種奇怪現象，讓想要突破卻一直受困教學現場的老師，有學習對象，有改善的可能。我一直深信，只有用教學現場才容易感動老師；我也相信，唯有中小學教學現場的老師，才能教中小學教學現場的老師。

二、為什麼我上課時，學生不能睡覺？如果我上課太無聊，或者太精采卻大量消耗學生體力，為什麼學生不能睡覺？

三、為什麼我上課時，學生不能講話？學生講話一定會影響學習嗎？

四、為什麼台灣的教學模式幾乎只剩一種（我以前也一樣）：老師永遠霸佔講台，學生永遠呆坐座位？這樣的教學模式是怎樣產生？利弊為何？

五、我要怎樣做才能做到上課時，學生沒人睡著，沒有一個不專注？

六、我有想過怎樣訓練學生自學、閱讀、思考、討論、表達和寫作的能力嗎？為什麼我不注重呢？只因為大考不考嗎？寫作是「多看多寫」就會進步嗎？

七、我在課堂上曾教過什麼東西，相信這是學生畢業之後不會忘記，並且終生牢記，也就是我教過什麼東西，是可以讓學生一輩子帶得走的嗎？

八、如果整個台灣社會都瀰漫著國民閱讀風氣太差，我曾做過怎樣的努力，培養學生擁有閱讀能力和習慣嗎？並且終身樂在閱讀、樂在學習嗎？

九、如果台灣人民普遍呈現缺乏世界觀，我曾經在教學現場做過怎樣的努力，培養學生擁有正確、寬廣的世界觀嗎？

十七年磨一劍，開放教室的初心

這九個問題，我捫心自問，常常不寒而慄。

經過十七年的不斷實驗，我終於可以很大聲地說出來，我成功克服了這些看起來困難重重的教學現場難題，並且打造出一套可以簡易複製的教學模式。我有十足的把握可以隨時開放教室。於是某日，我在下班途中，興奮地告訴駕駛座旁的太太（任教北一女中，同時也是學思達第一個複製實驗者），我想博取她對我的讚美與崇拜，但是太太忽然說：「你為什麼不把你會的，全部都教給全台灣的老師，讓他們不用再花十七年的時間去摸索新教學法，不用再花八年去摸索經營班級方法，讓他們可以站在你的基礎上，不斷向前、向上，不斷有新的創發和新的進步，這樣不是對台灣教育更好嗎？」我一聽有道理，於是，我打開了教室的門，隨時開放大家來觀課。

當我打開教室有形的門之後，我漸漸發現，學校有形的門也漸漸打開了，老師之間無形的高牆也打掉了。一間隨時開放的教室，沒想到會讓長久以來緊閉的教室、緊閉的學校、緊閉的老師與老師之間的關係，漸漸打開。學思達，讓我打開了教室的門，我也沒想到可以像推骨牌一樣，推開了一座座學校、一間間教室的門，讓台灣老師進入流動的良性學習狀態。

我太太對我講的話，忽然又讓我意識到，如果每個老師都能無私分享自己的教學，那麼老師就能不斷自我提升，台灣的教育環境就會愈來愈好，一代勝過一代；如果每個老師都藏私，台灣教育就會愈來愈封閉（絕世武功只要經過幾代的藏私，每一代留一手，不用多久就變成平凡武功了），一代就會不如一代。

台灣老師應該慢慢不再以成績來劃分學生，而應該意識到自己是在栽培下一代的人才，就不會只看到三年後一翻兩瞪眼的大考結果。老師應該把眼光放遠，每個學生都是台灣的寶貝，要培養學生擁有信心與各種能力，有舞台可以發揮，耐心等待學生成熟，耐心等待學生十年、二十年、三十年、四十年……之後的表現，這樣才對啊！

也許台灣多年的僵化教育現況，讓很多人覺得無能為力，但我喜歡用「尺蚓穿堤」這個成語來自我勉勵。我要花十年，穿透厚堤，鑽出一個洞，讓僵化的台灣教育因為這個洞而漏水、洩洪、甚至潰堤。科技名人溫世仁先生在世時，在大陸大西北推展「黃羊川」計畫，試圖透過網路來改善中國大陸內地的貧窮狀況，成果很可觀。他返台特地去向毓老師報告結果，還說：「老師，西北交給我，東北交給你。」真是雄心壯志哪！其實老師也有力量的，只因為龐大而穩固的舊結構給消磨殆盡或隱藏。我想讓更多老師們一起來尺蚓穿堤，我想點燃更多老師的熱情，然後大家也都能豪情萬丈地說：「這個縣交給我，那個縣就交給你，我們一起來改變台灣教育！」

師生的二十年約定，較量誰幫人最多

當然，有一些朋友很好奇，為什麼我又跑到第一線來做這些事了？我不是已經保持低調，獨善其身好一陣子了嗎？好問題。因為之前我卡著博士論文，啥事都不敢放手去做，現在終於搞定論文了，我要開始真正來做點事了。為什麼做點事又比我去申請一個大學新教職還重要呢？因為毓老師曾說：「得了個博士，就是得張飯票，然後你混我，我混你！我告訴你們，人只能自欺，絕欺不了人！」我每回想起這些話，總是不寒而慄，所以我不敢急著去混人，也不敢急著蒙眼自欺。

既然我好不容易造就出理想的高中生，在她們畢業時又有過這樣約定：「面對社會，你們需要努力的時間還很漫長，正如同我和你們約定好的，我不在乎每年辦到最後終究虎頭蛇尾的同學會；而是約定好，我們都來等等看，看誰是第一個以傑出校友身分回到母校中山女高演講，誰又是第二個、誰又是第三個……然後再等個二十年，我們要來辦個同學會，看看那時候誰幫助的人最多，看看這二十年來我們對這個社會做了哪些值得大家驕傲的事情，老師當然也要和大家一起努力，也要比一比才行。」——我現在可是很認真地要和我的學生們比一比的。

我不光要影響學生一輩子，也要和學生一起砥礪、奮鬥一輩子的。某一年教師節前夕收到學生簡訊：「老師！教師節快樂！最近好嗎？離開禮班愈久，成長愈多之後，就會愈感謝自己曾是禮班的一分子，那三年培養的態度與視野，讓我們現在都能更堅定地追求自己想要的。我永遠記得老師曾跟我們的約定，我正在努力成為一個對社會有正面影響力的人，也希望有一天能第一個回中山演講，之後再回去找老師好好聊聊。」發簡訊的學生是潘珮瑄，當時她正要接下AIESEC台灣區會長的職位，這是一個全球最大的國際學生組織，擁有一二四個國家與地區分區會員，提供全球學生商業實作機會與成長挑戰的平台。——如果我的傑出學生已經受我影響這樣努力著，我又怎能落在她們後頭呢？

我是真的認真要來改變台灣現在教學現狀的，從一小撮人的小力量開始集結，慢慢地、穩定地散發出力量，逐漸增大，最後翻轉傳統填鴨教法！為什麼我們要這樣做，因為這樣做，才是真正對學生有利！是的，沒錯，當初堅持聘用我的前中山女高丁亞雯校長曾這樣對我說：「只要對學生有利，就是對台灣有利！」渺小如我、力量單薄如我，難得找到一個對台灣有利的奉獻機會，即使像愚公移山，我也要一鏟一鏟地往前掘去！

輯二——

學思達的概念與實踐

06

2概念

學思達用感動傳遞感動

學思達真正感動老師的地方，其實並不是我演講有多精采、或是我教學現場有多麼動人，而是老師聽完演講、觀完課之後，受到啟發，回到自己的教室開始實踐學思達，終於看到學生炯炯發亮的眼神以及樂在學習的樣貌，自己深受感動，隨即產生強大動能，重現無比熱忱，支持自己開始埋首做學思達講義（熬夜做講義是學思達老師的共同經驗，卻一點也不覺得累，還樂在其中。原本是所有老師放鬆的寒暑假，學思達老師也同樣在這段時間做講義！），然後回過頭來分享更多自己感動經驗，點燃更多老師的熱情。學思達用感動傳遞感動，用感動點燃老師們內在源源不絕的改變能量，傳遞改變能量，聚集出巨大的改變動力！

其實，學思達教學法的基礎核心概念很簡單，可以簡單歸納成兩個：

概念一、讓學生成為學習主角

我不是佐藤學的信徒，佐藤學真正感動我的只有觀念，容我不厭其煩地再引述一次，他說：「要讓傳統的教學歷程中著重於教師單方面的『教』（教授），扭轉成著重學生學習的『習』（學習）。唯有學生自主、高效率、充滿思考性、體驗式、討論式的學習，才能把「從學習中逃走」的學生重新回到樂意學習行列。」

我完全同意他的觀點，但是我認為具體操作內容，絕不可能直接複製。因為日本和台灣不同，台灣各地又不同，各校素質和特質也不同，每個學科也不同，所以一定是因地制宜、因校制宜、因人制宜，發展出各種不同的全新教學方法。尚未看到佐藤學的書，這十幾年來我就已經著手實驗各種可能的教學方法，我的理念很簡單，我不要讓我的學生成為填鴨教育的填充品和犧牲品，我要訓練學生思考，所以有一個持續十多年的實驗是：每一課的白話文我都會讓學生直接看，然後**問三個問題：作者表達了什麼觀點？作者用了什麼寫作技巧？你怎麼看待這篇文章？**看完便抽籤問學生，讓他們回答。

這樣的方式剛開始實施時，確實成效不高（因為缺乏完整機制、操作技術太簡陋），但我還是一廂情願地花時間訓練，因為我認為如果學生缺乏思考力，恐怕又得回到填鴨教育了。這當然是我的空洞理想，實際上也不是多麼成功之舉。不過，我也有些很好的實驗，一直延續到現在，如學生互評、學生佳作共享、自我介紹等等。換句話說，我從佐藤學那裏確認了，我不能等待了，我必須「完全」翻轉教學，但是實際具體的操作方法必須是我自己去尋找、發明、實驗出適合我的（這很重要，老師也有差異化）、適合我的學校、適合我的學科、適合我的學生，那個最佳的教學模式。

且讓我們來將心比心吧！倘若我們在校務會議連聽了兩個小時之後，哪怕校長、主任們口才再好，又滔滔連講了一個小時，老師們能夠不打哈欠、不想睡覺、不改作業、不滑手機嗎？更不用說學生是一天連聽七到八個小時，他們打哈欠、分神、滑手機、睡著，原就是人之常情。老師自己也做不到，有什麼資格苛責學生發呆、睡覺、滑手機呢？——所以怎樣改變教學方式，才能讓學生上課不打瞌睡、不睡著、不滑手機玩遊戲，這才是翻轉教學的關鍵。

讓我們再回到人際關係互動的實例上來打個比方：兩個人交談，一人口沫橫飛，愈講精神愈好（此人多麼像老師啊），另一人則愈聽愈累，愈聽愈想趕緊逃開（多麼像學生啊）；但是這個時候，原先口沫橫飛的人忽然問了另一個人一個問題，只見另一個人彷彿重獲生機，登時也講了起來，於是愈講愈熱烈，愈講愈有精神。

是的，這就是**我心中認為的教學翻轉的原始模型，一個問題刺激思考，一個問題讓位置對調，一個問題讓講述權轉換，一個問題讓學生精神振作**。那麼，為何老師還要不厭己煩、不厭學生千煩萬煩千萬煩地一個人唱獨角戲，從上課鐘響講到下課鐘響，從年輕講到白首，講到獨樂樂而學生眾哀哀呢？

當然，我對學習成效金字塔圖（如頁六四圖）不是沒有懷疑，數據如何產生，排列一定是這樣嗎？正如我到現在就親眼見過兩個人光憑講述（教學效果五％），卻對我產生九五％的教學成效（一個是林董事長，另一個就是毓老師）。但捫心自問，老師們有把握自己也可以是這麼少見的秀異人士嗎？如果不是，為什麼老師們還要繼續「霸佔住」講台孜孜矻矻地「誨人以倦」呢？是的，把講台讓給學生，把主角讓給學生，把講話權讓給學生，老師所要做的只是打造一座舞台，製作一場秀，老師搖身一變，成了主持人。——我是主持人，我怎能不開放教室？我怎能不希望更多人來參觀這場秀？是的，所以老師最後都應該打開教室，歡迎大家隨時來看秀！

概念二、好奇心和思考，才是學生學習的最佳動力

如果讓我為現在進行的新教學模式取個新名稱的話，頭一個我想到的就是：「猜燈謎式的教學法」。

容我先描述一個至今腦海仍印象深刻的畫面：我小學五年級，這一年中秋節晚上七點（後來又換成元宵節），大哥帶我到老家雲林縣褒忠鄉大街上林清森藥局旁的空屋前猜燈謎，我望著牆上一道道謎語（請注意看燈謎形式：全都是問答題），一題也答不出來。可是黑壓壓的人群當中，還是有人能夠舉手回答（我哥也會答，但當時氣氛實在太刺激、太緊張了，他根本沒空低頭理我），若遇上有人答對，主持人會興奮大叫：「通！」（一旁還有人負責敲聲鼓，「咚」，聽起來就像「通」。另外，還有一人負責發送禮物，如肥皂、毛巾之類）主持人會撕下謎紙，高舉至頭頂，好讓全部的人清楚看見，接著便向大家解釋，為什麼答案是這樣，大夥兒這才意會過來，點頭如搗蒜。這時就會聽見此起彼落的讚嘆聲：「喔，真鰲，這樣也想耶到！」（台語，真厲害，這樣也想得出來）這時若有人答錯，主持人會搖頭，一臉惋惜：「差一點點，還有更好的答案！你再想想！」隨口又多透露一點線索、一點暗示、一點蛛絲馬跡，好讓大家繼續去思索更準確的答案。

我當時實在太著迷於這場燈謎場景了，為什麼？有很多原因：

第一，猜對的人當場就成為眾所矚目、眾所欣羨的對象，感覺有如桂冠加冕，有著無比驕傲、無比榮耀！（我到現在都還懷念那槌鼓聲啊！）

第二，主持人巧妙引導，試著讓猜謎者一步步自行想出正確答案，這個過程太迷人了。我在第二年（小六）終於猜到了生平第一個燈謎，我到現在（三十年了）都能記住燈謎題目：「湖、海」（射台灣地名二）。當然，我既要證明好奇心和思考是最佳學習動力，自然不會馬上公布答案，就請讀者自行猜謎囉。

第三，現場若有不會猜的人，可以透過不斷觀摩他人猜對的答案、主持人的詳細講解之後，慢慢產生模糊的解題概念，慢慢又能逐漸清晰猜謎技巧，這其實就是同步觀摩、同步學習，透過求解而不可得的過程中，產生追求知識的奇妙迫切與渴望感。甚至，還能激發離開現場後產生另一種「自發學習」的渴望。——確實如此，當晚回家之後，我就開始尋找相關燈謎書籍來自學。再隔一年回到現場，已非昔日吳下阿蒙，到了國、高中，甚至上台北讀大學，猜燈謎的技術簡直不可同日而語了。

猜燈謎這個寶貴經驗，提醒了我，翻轉教學的教學現場模式應該從這裡產生才對。老師要轉換成主持人，上課不要再霸佔講台滔滔不絕，而是著重在事前的準備工作，製作出一題又一題的題目（就像燈謎的謎面），誘發學生的好奇心；然後提供足夠資料，讓學生自行去閱讀、分析、思考、整理、判斷，最後才讓學生上台發表（就像猜謎者舉手答題一樣）。答錯了，老師就不斷引導或追問，讓學生自行追尋出答案。真答不出來也沒關係，就讓另外想自願答題者上台回答，一直引導至答出正確答案為止（其他同學會在這個聆聽的過程中同步觀摩著、同步學習著）。若答對了，沒錯，我會雙手大張、表情激動、聲音高亢，再用右手直指著同學大喊：「you got it!」讀者應該很清楚了，這就是我送給學生的那槌鼓聲！（相信我，學生會充滿成就感！這也是為什麼我教的學生，班服後面竟然印有「you got it!」三個字的主因。）

猜燈謎式的教學法，道理很簡單，就是不要直接告訴學生答案。試想，每一道燈謎下面都附有四個選項，這樣，誰還想來猜燈謎？誰還會有好奇心啊？誰還想要思考啊？

接下來我要舉的例子，讀者應該不會太陌生，哈佛大學邁可．桑德爾（Michael Sandel）教授《正義：一場思辨之旅》（JUSTICE: What's the Right Thing to Do）。如果大家看完這本書之後，最好再去看看哈佛大學的開放課程，去看看，看一下桑德爾在禮堂上對著五、六百名選修學生，上課時竟然沒有一個學生睡著，也沒有一個人不專注（朱學恆組織成立的「MyOOPS 開放式課程」http://www.myoops.org/main.php 有提供中文翻譯）。

因為桑德爾上課一開始就拋出問題：「一列電車剎車壞了；更糟的是，駕駛突然發現前方軌道上居然有五個工人！電車肯定是剎不了車的，通知工人也已經來不及；不過這時駕駛發現前方有條岔出去的支軌，支軌上只有一個工人。——如果是你，你會選擇直直向前開撞死五個人；還是轉彎只撞死一個人？」接著桑德爾便讓學生發表意見，有時還區分正、反兩方，讓學生們暢所欲言，反覆攻防。桑德爾可不是站在旁邊閒著，他不斷穿針引線，不斷引導、不斷追問，最後終於讓學生答出他想要的真正答案之後，是的，桑德爾就會把答案扣回他所要談論的主旨。換言之，答案是由學生自行想出來的，不是邁可．桑德爾告訴他們的！

於是我想到另外一個比較文雅的命名：「學思達教學法」（還可以諧音「share start」）。就是讓學生自「學」、「思」考、表「達」。老師要做的就是準備充分的資料讓學生自學（哈佛學生為何不用，因為他們的基礎能力已經建立。或者說，大學生應該早就擁有自學能力，可以在課堂前閱讀老師所規定的資料，上課時才和老師討論）、設計良好的問題讓學生去思考、透過不斷追問讓學生學會準確表達、回答問題！

是的，唯有好奇心和思考，才能讓學生保有旺盛的學習欲望。

請記住，學思達教學法的兩大核心概念：

一、**讓學生成為學習主角，學生在課堂上才真正擁有學習主動權**。但是，所謂翻轉教學，表面上都說把學習主動權還給學生，但其中操作技巧之精粗好壞，相差可至霄泥。有的老師，上課就直接讓學生自修，什麼機制都沒有，也跟著說，我也把學習主動權還給學生，就是翻轉教學。——這是不對的。翻轉教學有沒有成功、有沒有效果，是要開放教室受人檢驗，不是自己說了就算數。學思達之珍貴，就在於擁有一整套完整理論、思維、技術和成果，可以供人檢驗。

二、如果好奇心和思考，是學生學習的最佳動力，那麼**老師最應該做的就是：想辦法不斷誘發和維持住學生的好奇心與思考**，學思達找到的最簡便方式就是「問答題」。至於是否就一定需要「問答題」？當然不是，只要能有效長期維持、刺激學生好奇心和思考的方式，就是好的教學方式！

07 3關鍵 打通學思達教學任督二脈

歷經十七年的教學實驗，我成功打造出最簡便、最容易複製的「學思達教學法」，學生在課堂上得到比填鴨教育更高效益、更多思考、更大成長、更豐富能力的訓練與培養。

學思達喚起學生學習熱情，同時也喚起老師的教學熱情、感動與專業，我期待學思達能在台灣教育現場百花齊放，因此特別指出「學思達」教學的三大關鍵，讓更多老師可以在我打造的基礎上，用自己的特質與獨特能力再去進行更多、更好、更傑出的發展、突破與開創。

學思達教學法完整流程

容我先簡單介紹**學思達教學法的整個完整流程：學生自學→思考問題→組內討論→上台表達→老師補充**。老師補充完之後，重新循環，周而復始。

補充說明如下：學生從個人自學、自行研讀（可訓練閱讀能力）、自行思考（增加思考訓練）開始，接著小組討論（分組以四人為佳，並排座位之前後四人為最適宜，只要前面兩位同學轉頭討論即可，也就是不一定要大費周章全班搞成ㄇ字型或特殊形狀。分組總人數每超過一人效果就會下降，因為人數太多，不利於每個人發表及聆聽。小組討論可訓練團隊合作，又可增進小組成員之間的感情），共同分析、歸納、整理，然後由老師抽籤，讓一個學生上台發表（此學生講述的成績，由同學互評，沒有個人成績，發表的同學代表全組分數。學生發表時，可訓練表達能力，效果奇好無比）。若抽到的學生上台不會回答，小組其他組員可趕緊上台相互支援。其餘各組的組長，則針對被抽到的學生所發表內容，進行評分（這樣同學才會認真聆聽，專注聆聽別人的講述也是一種基本的禮貌訓練與要求）。最後才是老師補充（所以老師只要補充精華和最重要的東西即可）。

如此不斷重複進行，大約一堂課可討論三到四個問題，也就是說要控制好自己的上課進度，只要控制問題數即可，但同時也說明了每一個問題內容都非常寶貴。若要讓進度變快，方法也很簡單，只要把學生自學的部分讓學生事先在家裡完成（請儘量避免，因為學生回家基本上已經沒有多餘的時間可以預習了），上課只剩討論、發表和老師補充，上課速度自然就可以加快。

當學生在課堂上，不斷切換學習樣貌，才不會像接受填鴨時一樣，永遠只有看講台上的老師和桌上的課本，畢竟一般人的最佳專注學習時間，只有十五到二十分鐘。當學生自學時，是看自己桌上課本與講義；進入思考、回答問題時，學生則是動手寫下重點與關鍵字；進行討論時，學生可以轉身、開口和組內夥伴討論；學生上台表達時，所有同學又抬頭觀看台上學生；老師補充時，學生又轉向看講台旁的老師。學生的學習樣貌不斷切換、不斷改變，是一個連續運動的積極主動參與狀態，而不是從頭到尾的靜態被動聆聽狀態。

連續運動的學習狀態才是健康的學習狀態，最符合充滿青春活力好動的學生真實生理狀態，也最能保持住學生的最佳專注時間！

來觀過課的老師，應該都印象深刻。當學生自學時，幾乎沒有任何聲音；進入討論時，即使全班都在討論，聲音也很小，為什麼？因為真正的討論，同組之內只會有一個人說話，其他人是專注聆聽。雖然看起來像全班都在討論，實際上卻只有少數人在發表，並且這些發表的人，聲音通常不會太大，因為大腦有一半腦容量是在思考。等到學生討論愈來愈大聲，甚至有笑聲，通常表示已經討論完畢，開始聊天，這時候就可以抽籤讓學生上台發表。

若再對照第四章所提的「學習金字塔」（頁六四圖）來看學生接受學思達教學法的變化。當學生開始自學是一〇％（閱讀）→思考問題（演練七五％）→組內討論（討論五〇％、教授他人九〇％）→上台表達（展示三〇％）→老師補充（五％）。換句話說，學思達的學習效果可以從最低躍升到最高。

學思達何以能達到高效益學習效果呢？且看其中三個重要關鍵：

關鍵一：全新製作以「問答題為導向」的講義

以前老師上課都太輕易告訴學生答案了，當老師告訴學生答案，學生就只剩下接受或不接受，接受的人就只剩下「背誦」，不接受的人就會出神，然後睡著。而接受的人不久精神也會開始疲累，因為超過二十分鐘的專注時間了。但如果「答案」是由學生自行「思考」出來的、「討論」出來的、「發表」出來的，學生幾乎不需要背誦，就能輕易記住答案。而且上課時學生都是不斷在低頭研讀、群體討論、上台報告、注意聆聽。換言之，學生在課堂上是不斷在運轉著、轉換著、變化著，而不是從頭到尾呆坐板凳，聽老師侃侃而談，講述五十分鐘。

講義要以問題為主軸，一個問題，提供一份資料，資料要切成一小段、一小段，方便短時間閱讀完（最好是二十分鐘之內），方便集中焦點討論。講義要循序漸進、增加深度，這樣學生才會由淺到深、由易而難、由窄到深，這樣收穫也才會更大。**所以低層次的認知內容，請直接提供完整資料給學生，老師只要講高層次的理解、思考與表達。講義製作最重要的一點就是：要讓課本的知識與學生的生命、處境與現實發生關聯**，這樣學生學起來才會覺得對自己有用！

講義要從課文開始，延伸到課外，從簡單而逐漸增加難度、廣度和深度；同時也要認清自己學生的程度，做出適合學生程度的客製化講義（更詳細講義製作原則，請看第八章，頁一一五～一二三）。從前老師們以為很難的學問，費盡唇舌，自己講個半死，學生也未必聽得進去、未必能聽得懂。但是，透過學生自學與討論，老師甚至可以一個字都不用講解（當然，學生自學之後還是不懂，老師還是要先講解），學生即可讀懂七至九成講義資料，也能答出七成，甚至完全正確的解答。請不要再花時間講解學生自己看就能懂的知識（這樣不像是在攙扶著學生走路嗎？學生明明就會走、會跑、會跳，老師們何必把學生當做殘障人士？），其實只要老師給學生足夠資料，他們自己就能看懂！所以學生為何不能擁有備課用書？不能使用教師用書？老師們自己都看這些資料，為何學生不能看？不要吝嗇，也不要害怕，統統提供給學生！該給學生的充足資料統統提供給學生，老師不要再麻醉自己，也不要迷戀自己了！

至於問答題的題目設計，確實考驗著老師專業知識的學養與問題意識感，因為老師編講義設計問答題時，必須不斷思考「這樣的問答題是要訓練出學生何種能力」，同時又必須呼應認知目標確立與否。當代最常討論的六大認知目標，是由美國教育心理學家班傑明．布魯姆（Benjamin Bloom）在《教育目標分類學》所提出的「知識→理解→應用→分析→綜合→評價」（後來學者又修訂為「記憶→理解→應用→分析→評鑑→創造」，其中我認為「創造」修訂讓人激賞，「創造」確實是認知目標最高層次，同時「創造」也是引領時代進步的最重要動力），老師要設計問答題的題目，可以時時拿這六大認知目標來參考，儘量由低階問到最高階，當然也可以針對學生的差異化特質，來進行差異化題目的設計，例如常態編班就設計各種低、中、高階並存的問答題來訓練高、中、低成就的小孩，如果是菁英學校的學生就設計高層次的題目……以此類推。

關鍵二：學生分組

原則上將緊鄰的前後座位四個學生分成一組，每組選出一名組長。老師製作一張可供一個月評分用的評分表，交給組長。分好組，讓各組向全班報告各組所有組員名單，各組組長逐一登錄在自己手上的評分表。

如此則全班分好組，各組組長手上也有其他各組名單。日後每抽一位學生上台，組長可依上台學生發言內容給分（我的方式是針對答題滿意度給一到三分，上台同學沒辦法回答，全組也都沒有搶救回答，則以〇分計。此評分規則可由老師們自行調整，原則上都是加分，採用正向鼓勵原則）。最後每到一個階段（如一個月，或學生段考更換位置之後）則加總全部分數（各組組長先將自己手中的那張評分表先加總起來，然後各組將全部加總的評分表交給國文小老師，由國文小老師再將各組的總分全部加總起來），依總分高低區分各組名次，名次高者則整組同學都是該次平常分數最高者，依此遞降之（我的間隔是兩分，最高組是九十八分，第二高分則是九十六分，以此遞降。老師們可以自行決定和調整分數。總之，一定要讓學生進入競爭與評比，這樣才較能保有學生的學習動力）。

不久之後，就會有同學問：「老師，我們這一組都沒被抽到，沒有分數，怎麼辦？」遇到這種情況，老師只要抽完學生回答之後（一開始，每一題原則上都要抽籤，這樣每個學生才會閱讀資料。學生愈來愈主動自學，就可以開始進行各種變化了），例如問一聲有沒有要補充的？（也就是開放給同學搶分）老師就會發現，很多同學爭先恐後急著要回答！（這大概是在台灣教學現場很難見到的奇景，不信，請老師們各自在課堂上嘗試看看！）

以前我也常「以問題為導向」的方式來教學，但是只要我抽了一個學生之後，其他同學就鬆懈了，因為不干他們的事了，甚至也不想聽，只有被抽到的學生倒楣（這也是之前我覺得失敗的主要原因）。但是將學生區分成一整組之後，又將學生成績綁在一起，同組的人會一起緊張；將評分權交給學生，其他組的同學因為要進行評分也得認真聽，全班同學就會在一種得分與被評分、講述與聆聽的專注狀態下進行學習，那種專注叫誰看了都會感動。

大家不要輕忽讓學生上台表達這件事。這對學生是一個非常重要的訓練，而且透過上台表達訓練，學生會從一開始發抖、不知所云、贅詞一堆、回答不準確，不斷經由老師引導、口才便給同學優良示範，就可以不斷地成長。只要兩、三個月之後，老師們就會發現，學生不再害怕上台，上了台都能侃侃而談，試圖準確回答講義上的問答題。為什麼？因為有良好的示範，同時下面有很多眼睛盯著台上學生，要給他們評分！

我分享一個案例，有一班某同學，大概天生內向，第一次被抽上台，杵在講台上擠眉皺額，一句話也說不出來。我覺得不能打擊到她的信心，於是發想出同組可以救援的機制。第二次又抽到她（同組的人都不禁小聲喊出：「慘了！」），她上了台，還是擠眉皺額，我跟她說：「你只要說一句話就行了！」然後她又擠眉皺額，隔了一會兒，她終於說了第一句。我開心地叫全班給她熱烈鼓掌！然後她就多說了五六句，唯一美中不足的是，她面朝黑板，把屁股朝向全班。第三次又抽到她，我跟她說：「如果你能面對全班同學講，那就更好了！」沒想到，她真的慢慢轉過身來，面對同學，然後艱辛地講了十來句！（我當然又讓全班為她鼓掌、喝采）——從這位學生的身上，我感受到了同儕學習、相互提攜、精進向上的巨大力量、也感受到了提供一個舞台讓學生上台盡情發揮、盡情練習、盡情表演的重要！

關鍵三：老師引導

老師一定要記住一件事，如果是從國一開始學思達，那表示學生已經接受了六年「扎實」的填鴨教育；如果是從高一開始，那就是九年；如果是大一，那就是十二年。學生被填鴨久了，要把他們的習性、惰性突然改變過來，需要一定的時間和適宜機制引導，不然學生一定會反彈！

一開始，可以先向學生說明填鴨教育對學生的殘害（學生一定深感共鳴）、學習金字塔理論的學習成效真實分布，以及為什麼要進行教學改變，同時介紹學思達的理論與實際操作。（老師若不會講，我已經錄好一段十分鐘短片，可以從Youtube上直接播放，更詳細介紹與引導學思達的三種方式，請參考第十五章，頁二一八～二三八）

老師一旦開始進行學思達之後，就會發現自己能力嚴重不足：不會編講義、不會設計好問題、不會課堂主持、不會引導問答、不會追問、不會統整、不會製造合作與競爭的機制與氣氛、甚至不會輔導……尤其是輔導，當學生不自學、不討論、不發表時，老師常常莫可奈何，甚至和其他學生一起厭惡、排擠該學生。其實學生表現出這些行為，都是求救訊息，就需要協助。當學生需要協助，老師卻無能為力，這才是教學現場最驚人的警訊。老師們對於問題學生束手無策，只期望交給輔導室，是不對的。因為有時候問題學生的產生，常常是填鴨過度產生的後遺症，學生壓抑太久、感到厭惡，就出現各式各樣反抗的舉止。從前，老師每一堂課都忙著趕進度、忙著填鴨，只剩下課十分鐘和午休可以輔導學生，但是學思達之後，老師每一節課都有充足的時間可以一對一輔導學生，就怕老師根本沒有輔導學生的能力！——所以學思達，要和輔導能力傑出的專家合作（例如將薩提爾模式融入教學的李崇建老師）一起來幫全台灣的學思達老師增能、增強輔導能力！

老師上課引導問答時，只要記得一個最簡單原則，就是「藏住答案」，就像猜燈謎、就像懸疑小說，要賣關子，持續誘發學生的好奇心、保持住學生的思考動力，這樣就對了。

以前念書時，有些老師很喜歡玩這一套「藏住答案」的遊戲，一進教室就神祕兮兮地說：「唉呀，老師好想告訴你們一個祕密喔！」這時候絕大多數學生都上鉤了，怕有人還不上鉤，老師又拋出第二個鉤鉤：「可是你們導師叫我不要講！」接下來再拋出第三個鉤：「可是我好想告訴你們喔！」學生就全部上鉤，眼神晶亮，異口同聲焦急地請求：「哇！老師，快講！快講啦！」大家有沒有發現，老師其實什麼都沒做，可是學生全部注意力都集中在他身上。因為這位老師誘發了所有學生的好奇心。所以我常講，寫作其實沒什麼祕訣，只要記住，一直讓讀者持續保住好奇心就行了。好奇心要如何製造出來？最簡單的方法，就是不告訴讀者（學生）答案啊！但是老師教書，常常反其道而行，一直講答案，學生只能背答案，這就是老師的問題，老師一定要改變。

老師可以用問答題引導出學生怎樣迷人的學習樣貌？我且來舉個例子說明：有一回課堂上有道問題非常困難，學生此起彼落爭先恐後回答，但沒人可以答得出來，下課鐘聲響了，我說自由下課，但學生們大喊：「老師不要下課！搞什麼！我們還沒有想出來！」我又開始讓學生思考、搶答，一直到上課鐘聲響了，下一節任課老師已經等在門口，學生仍舊答不出來，我說不行，今天一定要在這裡結束了，然後就走出教室門口，學生還哀叫連連、依依不捨。隔天上課，我走近教室，發現有個學生在後門口等我，一看到我就很興奮說：「老師，昨天那題，我知道答案了！」我問：「你怎麼會知道？」她說：「我上網查的」，我說你網路上不可能查到。學生就說：「對，所以我自己查了二、三十個網頁，綜合起來，推敲出答案！」我請她說一說答案。當她講出答案，我馬上伸出右手指，大喊：「you got it！」——各位想想，這種引導是不是很像猜燈謎，是不是很刺激？而且還引導出自學的動力！

要怎樣讓學生相信，學思達教學法對他們是好的？甚至對他們日後的大考成績，是有利的？這是一個關鍵問題。關於前者，不用解釋太多，因為學生們很快就會自己發現：上課變得很有趣、精神很專注、不會打瞌睡、學習效果變好……至於後者，當學生多元能力不斷增加時，考試能力就馬上變成多元能力下的一個能力而已（填鴨下的學生只剩考試能力，其他能力大多得不到培養），學生多元能力增加，考試能力自然也跟著一起增加。（關於這一點，很多學思達老師已經可以證明。訓練一段時間之後，他們常常對學生成績的長足進步，感到不可思議。）

是的，**學思達教學法的成敗關鍵**，就在於「**課前講義製作**」、「**事先分組**」以及「**老師引導**」**這三件事情上**。如果有來觀課的朋友就會發現，教室講台上會有兩支麥克風，一支是專給學生用的，另一支則是我的，我的位置不在講台上（講台專屬給學生），我的位置是在講台的左下方。進行學思達教學法，老師的工作不是講課，而是課前製作講義、課堂聆聽學生回答、矯正學生的表達方式（如身體搖晃、不拿麥克風、面前的三千個觀眾會聽不到聲音、贅詞一堆、態度不端莊、講話不得體……）、引導學生用準確的答題技巧、次序、用語、引導學生回答出準確的答案、追問更深入的問題……如果有學生答得很好，就要大喊「you got it!」如果答不出來，趕緊開放搶答，營造緊張氣氛、製造搶答高潮……最後，老師才補充說明更深入的內涵與延伸。

如此一來，學生下課時，很少人會問你，老師這個題目的A選項為何不行？而是，老師我覺得墨子的兼愛思想很難施行吧？老師我覺得蘇東坡在烏臺詩案之後的曠達和悽苦心情是有矛盾的吧？老師我覺得孟子好愛亂罵人、心胸又狹窄、又喜歡吃醋（因為孟子罵墨子、楊朱罵得很難聽，有禮貌的高中女生頗不以為然）……這樣教書，其樂何如啊！

所以，老師要訓練自己的，不是把課本（備忘）寫得密密麻麻，而是要訓練自己的主持功力、思考能力、引導能力、機智反應能力、甚至表演能力，這樣才能得心應手，進行學思達教學。

08

5原則 掌握學思達講義製作訣竅

學思達教學法之成功與否，講義製作的良莠是重要關鍵之一。因此，講義製作非常重要。學思達講義的製作，只要記住幾個簡單重要原則即可：

（一）不論什麼素材都可以當做講義材料，只要提供足夠補充資料，學生就能自學：所以任何科目，只要有材料，不管是影片、音樂、圖案、文字，都可以變成講義的內容。

（二）資料之前要設計問答題，當做引導學生閱讀資料的思考起點：資料要切成一小段，每小段資料方便短時間閱讀完（最好能設計二十分鐘讀完），同時方便集中焦點討論。（一）和（二）非常重要，因為一般教科書必須經過冗長的編審過程，只能提供過去的事件、創造與研究成果，對於最新、最即時的事件、創造與研究成果，通常不能即時呈現。這時候，就只能倚賴教學現場老師，自行編製講義補充，問題又出在老師趕課都來不及，哪有多餘時間補充新資料（如此一來，學生就只能一直學習舊有的資訊與知識），就算老師真的補充了新資料，也無法提供太多，因為學生讀不完，更糟的是，學生還未必捧場。——但是學思達透過自學產生的高速度，以及問答題為導向，有了多餘時間與高效益，老師補充新資料變得輕鬆、容易、有效率。老師只要提供完整素材，再提供好的問答題，學生就能自學到最新、更寬廣的資訊與知識，而且還能配合時勢演進，而一直推陳出新。

（三）講義要以學生真實學習程度為起點：講義製作要符合學生的特質與程度，提供客製化的講義，也就是說，學思達講義能真正做到因材施教。（另外，老師儘量不再講低層次的認知，學生可以自行閱讀，老師要多補充、多統整高層次的理解、思考、創造、應用、評鑑與表達。）

（四）講義要從課文開始，延伸到課外，由淺而深、由易而難：從學生的起點開始，由簡單而逐漸增加難度、廣度和深度。這樣學生才會由淺到深、由易而難、由窄到深，收穫也才會更大。

（五）讓課本的知識與學生的生命、處境和現實發生關聯：唯有知識與生命發生關聯，學生才會覺得學習知識對自己有用！

如何訓練學生的能力，讓學生在課堂上展現他的學習力？怎樣觀察學生學習的質和量？其實，從老師編寫的講義就可以看出端倪。講義是師生彼此學習力的「呈堂供證」。好的講義是以課本為基礎，然後不斷延伸出去，要適合學生的程度來設計問題。問題好壞不單只是記憶理解的不斷機械式的操作，也就是一般小考的內容，還要能跳到理解，最好進階到分析、評鑑，甚至創作等層面。儘管「理解」到「分析」這些層次不易成為選擇題試題，但這些才是知識可運用、學生帶得走的能力的關鍵。

一言以蔽之，看一個老師的講義，就能看到老師的教學能力、學養與創新能力。如果只以課本本身為內容去教給學生，就是基本款。以課本為主要內容來教學生的話，我們能夠評量他的就是他的教學技術。教學技術一翻兩瞪眼，你從頭到尾一直講，就是填鴨式教育。從頭講到尾又分很多等級，表達能力很差，表達能力普通，表達強還帶有表演力、感染力等等。（補習班老師哪個不是填鴨式教育？可是學生為什麼樂在其中？因為他們表達能力強、有表演力、感染力，每隔幾分鐘就會講個笑話、填鴨出淋漓盡致的成效、時時注重教學績效。接著就用機械式評量，不斷訓練學生，以求得亮眼成績。——但這終究還是填鴨。）如果老師在課堂上，有讓學生回答問題，那就是提問式教學法。老師有讓學生分組，那就是分組學習，或是學習共同體。老師有讓學生自學，那就慢慢進入學思達。換句話說，每個環節都有好壞之別。

我所謂的好壞是，第一，老師有沒有做講義？講義做得好不好？適不適合自己的學生？第二，老師是怎麼教書的？是一直講，還是也讓學生講？第三，若是讓學生講，就牽涉到分組，有分組嗎？怎麼分組？分組分得好嗎？第四，老師有訓練學生表達嗎？如何訓練？學生是坐在原處還是上台講？上台又是怎樣講？講的內容如何？第五，老師有沒有統整、有沒有主持能力？能不能適當控制時間？能不能引導學生進入高層次的思考？——也就是說，其實可以做出一張簡易自我評量表，以學思達教學要件來檢核老師的各種能力：製作講義、主持、引導、控制時間、表達、輔導與班級經營。

製作客製化的學思達講義——以國文科為例

國文科每課課文，主要分為「作家介紹」與「課文本文」兩部分。如果該課作家非常重要，補充講義就要非常豐富，藉以凸顯作家的分量（課本讓所有作家各佔一課，這是齊頭式的平等，試想當代作家有哪一個人膽敢說自己可以和李白、杜甫、蘇軾、司馬遷平分秋色、並列抗衡？）所以遇到重要作家，就要用重量級的分量去介紹、去凸顯他的文學成就與地位。——這也是為何我一遇到像蘇軾、柳宗元、范仲淹、司馬遷，講義補充內容都特別豐富、問答題數量特別多的主因。

再者，作者介紹時，可以善用網路資源，如「維基百科」、「百度百科」、「中文大百科」，以及出版社提供的「教學電子資料」，剪裁成一小單元，每一個小單元提供一到數個問題，讓學生去思考這段資料的重點。換句話說，**你要讓學生學到什麼，你就提供什麼樣的問題讓學生思索**。如果學生程度不好，老師就要提供多一點的基礎認知問題，讓學生去找出答案；如果學生程度佳，基礎認知的題目就可以減少，直接進入理解、思辨與推論的問題。所以我一直強調，要依學生程度不同而製作出不同的講義，沒有一成不變的標準版講義。這是客製化的教學，完全以學生為主，提供給學生最適當的學習內容！介紹到重要作家時，我會同時大量提供該作家的重要名作，透過學生自學完成大量閱讀（學生如果沒自學，結果就是老師折磨自己，講得累歪歪，學生還未必買單），如此一來，進入課文之後，學生就會發現，課本選文怎麼變得這麼簡單，為什麼？因為「先難後易」了。

課文編製講義的重點，除了提供大量完整補充資訊之外，題目的設計最為重要。如果大家仔細參考我設計的題目，就會發現，**我每篇課文都在討論三個主題：文意理解、寫作技巧和生命學問**。

第一個主題容易理解，第二個主題我必須說明一下。我對修辭學、章法學的看法和一般人不同，教學現場老師或者研究者，大多著重在後見之明、著重在歸納、分析與判斷；但在實際創作面，修辭學和章法學是發生在創作之前，著重在發想、籌劃與創造，也就是先見之明。老師教會學生判斷用了什麼修辭格、構造出什麼章法結構，那太容易了，但要教會學生理解為什麼作家會這樣用？什麼時候用？這樣用有何好處？就比較難了。為什麼教會學生用這些東西很重要，因為學生以後才懂得作家創作時的訣竅、技巧和奧祕，（這一點很多老師未必知曉，為什麼？因為沒有實際創作經驗的人，很難懂得這些東西的重要。）如此一來，學生才會學到完整的修辭和章法（大部分學生只學會判斷，卻不會運用，所以只學會一半而已，而且還是比較不重要的那一部分），也才會真正有用，因為可以拿來欣賞、也可以拿來進行創作。

第三個主題：生命學問。我要特別說明一下。我是純種師大人，一路從學士讀到博士，再加上是資優保送，大一時就有指導教授教導寫作學術論文。大學畢業後，我最大的收穫也是最大的疑問就是：「我寫這些論文，除了得到碩博學位或教授頭銜之外，對於自己的生命，有什麼幫助呢？」這個疑惑如影隨形跟著我到讀博士班，一直到我進了奉元書院，聽毓老師講經學之後，我才恍然大悟、深切體會到什麼叫做「生命學問」。假設像我這樣一個教中文的人，無法在課堂上傳達生命學問，那麼我所教的必然只是空洞（或者美其名曰文藝、美感）的文學欣賞罷了。假設我連自己都說服不了自己、連自己都不能感動自己，我上課如何能說服學生、感動學生呢？所以，我教書不是教文學而已，**我是要用生命力去感動學生一輩子、我要影響學生的價值觀一輩子、我要用智慧去啟蒙他們一輩子**。唯有如此，我才覺得自己做到了韓愈所說的「傳道、授業、解惑」，也唯有如此，我才覺得我有點兒資格說，我是毓老師教出來的學生啊！

最後，我所做的示例講義只有「完全」適合我的學生，所以若想要拿這些講義直接上課的老師，必須先衡量自己學生的程度，更應該要因地制宜、因校制宜、因人制宜，製作出各種不同適合各自學生程度、能力、特色的全新講義。不過製作講義的精神與注意事項，卻都是一致的。

文章末了，我以〈勞山道士〉一文來示範完整的講義製作，包含「作者補充講義」及「課文補充講義」，主要編寫原則乃依照本文所述原則。同時在兩份講義之前，我特地設計了幾道問題，讓讀者或老師們思考一下，這兩份講義編寫時，所需要考慮的諸多細節與設計思維，歡迎大家一邊看講義，一邊思考答案，這就是最典型的學思達。由於內容龐大繁雜，為利於閱讀，《聊齋誌異．勞山道士》作者補充講義，請直接掃描 QR Code 或上網：http://goo.gl/9RfrNA；《聊齋誌異．勞山道士》課文補充講義，請直接掃描 QR Code 或上網：http://goo.gl/OYvH7W。

（作者補充講義）

（課文補充講義）

09

3撇步

用《青春第二課》教人生教閱讀教寫作

寫作，其實不只是寫出一篇文藻華美的文章，最重要的是練習表達和整理思考。但目前的中小學教育中，缺乏系統性的寫作引導課程，更缺少帶領學生發展思考和表達的機會。我在寫作上略有心得，這兩年又發現《青春第二課》這樣的好文本，對學生寫作非常有幫助，接到許多老師和家長的詢問，因此在此分享如何讓一本書，成為作文和生命教育的素材。

為什麼選擇《青春第二課》閱讀？

先來認識這本書的作者，王溢嘉。王溢嘉是台大醫科畢業，拿到醫師執照後，最終卻選擇所愛，棄醫從文，成為一名作家。在台灣，醫科學生九九．九%以上必定選擇行醫，棄醫從商可能有，棄醫從文者絕少，王溢嘉就是這極少數中的一個。他寫了很多書，《青春第二課》是專寫給青少年看。這本書對國、高中生太重要了。為什麼？且讓我來詳述之。

一、這本書言簡意賅，在二一六頁的篇幅中，可以看到九十六位世界名人故事。兩頁一個故事，敘述了古往今來各行各業傑出人物的生平、成就，以及這些人物在青少年曾經遭遇過的困擾、挫折與打擊，最後他們如何克服的過程。這樣就約略能知道這本書將帶給高中生多大的影響，因為它很快就讓學生認識了全世界各行各業的傑出人士，學生的眼界、胸襟、見解皆得以迅速提升、開闊與增強。

二、這本書完整呈現出青少年各式各樣的煩惱，用這些成功名人的經驗來告訴學生，就連偉大人物也曾有過這樣的煩惱，這些煩惱都有克服之方，解決之道。

三、這本書對於訓練國、高中生閱讀和寫作太重要了，它是寫作文章最重要的原始材料來源，豐富且多元。原先我亦想寫本類似的作文寶典，看到此書，轉念一想，何不好好運用此書即可，即使花大功夫也未必能達到此書效益，於是發明一整套淋漓盡致運用此書的妙法。

老師如何在課堂上使用《青春第二課》？

一、利用每節課鐘聲響起即開始自學閱讀

每一堂課上課鐘聲響起，老師尚未進入教室的三到五分鐘左右，基本上都是浪費掉的。只要能利用這段時間，持續閱讀，積少成多，國中三年或高中三年，就能得到驚人的閱讀量。以我自己的實際操作成果來看，利用每節課的前五分鐘閱讀，不到一學年時間，《青春第二課》就讀完了。當然，一、兩個小時也能讀完此書，但不是囫圇吞棗讀完就算了，而是老師（家長在家也可以照同樣方法操作）透過這本書進行延伸、深化、甚至創造出其他成果。

二、提高學生閱讀的位階

如何落實利用每堂課鐘聲響起，而老師尚未進入教室之前的這段零碎三到五分鐘，讓學生開始自行閱讀《青春第二課》？老師如何才能辦到？又為什麼學生樂意乖乖閱讀？很簡單。

第一，規定學生閱讀任務。

單純的閱讀，學生大多只是接收者，沒有對話與行動參與的機會。但如果提供學生閱讀任務，讓學生閱讀之後有其他任務，閱讀文章成為基本條件，學生必須將閱讀材料再轉化成更高層次的理解與創造，這樣閱讀才不會單調、無聊，也才不會流於膚淺與片面。

以此書為例，此書的好處在於一篇文章只有兩頁，方便學生短時間閱讀完畢，然後規定學生（將學生分成三到四人一組，方便討論）發想「兩個作文題目」，可運用所讀的兩頁故事，當做這兩個作文題目之下的例子。學生閱讀完畢之後，便會開始發想作文題目，這時學生已經從接收者成為命題者（類似老師角色），學習位階自然提高。

再者，當學生被抽籤上台發表作文題目之後，老師或家長可要求學生，試著濃縮兩頁的故事，成為文章中的一段。這時候，學生就會不斷練習到縮寫的能力。當然，事前必須先教會學生縮寫的方法。嚴格來說，王溢嘉也是以縮寫法寫成此書，他從名人傳記、資料中縮寫成兩頁文章，學生可以再從這兩頁文章縮寫成一段文章。

第二，適當運用同儕壓力，彼此約束。

一開始如果老師走進教室，發現有學生沒在閱讀，必須馬上處理，先口頭警告一次，下次再犯，馬上必須上台回答閱讀任務（即兩個作文題目及縮寫例子），通常學生一定答不出來，這時候只要扣團隊分數，學生迫於同儕壓力，不太容易會再犯。等到實施成功後，老師們就會發現鐘聲一響，全班自然而然進入坐定安靜閱讀的迷人狀態。而且是每天每節都在深度閱讀，唯有這樣長時間、持續地閱讀，學生的閱讀習慣才可能被培養起來！

三、老師補充與邀請名人來教室為學生演講

當學生上台講述結束之後，老師可以再開放其他組上台發表其他作文題目。最後，老師除了評論學生想出來的作文題目好壞、縮寫重點準確與否之外，可以再針對文章中名人的故事，深入各種生命情境、道德教學。因為每篇文章故事的主人翁，各自遭遇到各式各樣的困擾，親情、友情、愛情、身體殘障、情緒困擾、性別認同、族群認同、國家滅亡，面臨關於失去、欠缺、死亡、病痛、掙扎等各種學生已然經歷過，或未來可能遭遇到的情境，老師都可深入發揮之、引導之、說明之，——這時教書就不僅只是教書，而是教人、教智慧了。

再來，網路發達帶來的便利性，好處就是每篇文章的名人，絕大多數都可以在網路找到他們相關影片。Youtube上有很多可以選擇，如TED演講、大學演講、紀錄片、新聞報導等等，原則上以不超過十分鐘最好。換句話說，當學生看完某名人故事之後，自行創想出兩個作文題目，聆聽或發表自己的題目和縮寫內容，又聽完老師的講評與引申之後，

接著再看故事主人翁的影片，進到教室為學生現身說法（可掃描此QR Code，或上網：http://goo.gl/hyF3gp），影像聲音俱全，比老師自己憑空講的效果要好上幾百倍。

如此一層一層加深學生的印象、一步一步抬高學生的學習位階、一次一次變化學習樣貌，先自學、再創發，繼之以影像刺激，形成一個完整的閱讀過程。有自學、創造、聆聽、評論、印證，並且節復一節，日復一日，長時間累積，閱讀和寫作才會不斷累積出能力與實力。

如何讓學生從《青春第二課》再創造出屬於自己的東西？

《青春第二課》每篇文章可以分成兩半，前半段是敘事文（或抒情文）的寫法，後半段是說明文（或論說文）的寫法，這兩種寫法很不同，各有特色。限於篇幅，這裡只先針對說明文（或論說文）來做說明。因為說明文（或論說文）經常需要使用到例子來說明，可以讓學生把這些例子縮寫起來，當做自己的材料。當然最重要的是，要教會學生縮寫的技巧，一旦學生學會了，什麼材料學生都能自行縮寫起來，不是只限於《青春第二課》。《青春第二課》的優點就是例子多且好，而且作者的文字精鍊、見解高明。

縮寫人物例子，只要記住幾個簡單原則：

❶人物及主要成就。

❷人物生平某一段之經歷，且與題目有關者。

❸讓人物講話（增加親切感，同時增加說服力）。

❹我個人對這個例子的評論。

這四大原則可以自由變化，自由增刪（也就是說四個原則裡頭可以只有❶、❸、❹，也可以❸、❹，也可以❷、❹，也可以只有❸，也可以只有❹），可以將一個例子縮寫成兩百字，也可以縮寫成一百字、五十字，甚至一句。

舉一個簡單例子來看，書中有〈主修人類學的音樂神童〉一文，可以將它縮寫如下，變成一篇說明文的一段：

聞名全球的華裔大提琴家馬友友（以上是主要成就及人物姓名❶），四歲開始學琴，高中畢業後選擇轉學就讀哈佛大學，但念的不是音樂系，而是人類學系。（以上是主人翁生平的某個事例，最好和題目有關❷）後來有人問他為什麼要這樣？馬友友回答：「現在我所做的一切，都要歸功於當時在哈佛大學所受的人文思想教育。」（讓主人翁講話❸）馬友友的大提琴聲，常常給人一種大器、開闊、情感豐富、平易近人的感覺，因為他在青少年時代，就知道他要做一個不是只會拉大提琴，而且還會獨立自主、對歷史、文化、哲學與心理學都有相當素養的「完整的人」（評論這個例子❹）。（至於如何運用「縮寫法」的技巧，將寫作發揮得淋漓盡致，請詳看下一章〈運用縮寫法寫好文〉）。

可不可以選另外一本書？

當然可以，但是有幾個重點最好能兼顧。第一，內容儘量多元，因為學生日後也是多元發展，不要一本書只集中在一個偏窄的領域或範圍。第二，最好能有多種能力的訓練與培養。內容豐富之外，又能提供給學生全新、開闊的視野、實際能力、待人處事之智慧等等。這樣的書很難找，但是《青春第二課》做到了。在我看來，這本書最適合國中生看，國中生看完之後，高中生沒書可用怎麼辦？又或者國小生該看什麼書？就請老師或家長費心尋找，如果都找不到，我以後有空，再來幫大家編幾本可以看、可以用的書。

10

7範例 運用縮寫法寫好文

如前文所提，練習縮寫文章精華，大大有助於學生的寫作能力，本文特別示範如何將縮寫法嵌進自己的作品裡。讓我們以書中〈主修人類學的音樂神童〉一文，來詳細解說縮寫的方法：

一九七一年五月，一個不到十六歲的青年，在紐約的「卡內基演奏廳」舉辦他個人的大提琴演奏會，會後佳評如潮，《紐約時報》以「年方十六，技驚四座」為題，對他的嫻熟技巧和超凡樂感大加讚賞，預言一顆音樂巨星正冉冉升起。

雖然他四歲就開始學琴，五歲就在眾人面前表演，並在茱麗亞音樂學院跟隨大提琴家雷納德．羅斯學藝多年，但在高中畢業後，他卻就讀於離家不遠的哥倫比亞大學，但因為「依然住在家裡，覺得自己好像還在過高中生活」，念不到一年，就轉往哈佛大學，離開家人，去當自行料理生活細節的住校生；雖然也修一些音樂相關課程，但念的卻不是音樂系，而是人類學系。

由於在「卡內基演奏廳」演出的成功，各地的演出邀請紛至沓來，但他覺得頻繁的外出會影響他的大學課業，於是做出每月演出不超過一場的決定，挪出更多的時間來學習跟人類學本科相關的各種歷史、文化、哲學、心理學知識，並在四年後獲得哈佛大學的人類學學士學位。

他名叫馬友友，當今聞名全球的華裔大提琴家。也許有人心裡會納悶：既然很早就表現出音樂方面的天賦，而且也知道將來會朝這方面去發展，那為什麼還要去念人類學系呢？那不是橫生枝節，甚至是浪費時間嗎？但馬友友卻說：「現在我所做的一切，都要歸功於當時（在哈佛大學）所受的人文思想教育。」

很多音樂家都是在小小年紀嶄露頭角後，就由父母替他延攬名師，包辦一切，他只需不斷地練習和演出即可，但這樣的音樂家即使成名了，生活與知識領域多半非常狹隘。馬友友跟其他音樂家最大不同點是他給人一種大器、開闊、情感豐富、平易近人的感覺，因為他在青少年時代就知道他要做一個不是只會拉大提琴，而且還會自己洗衣服、對歷史、文化、哲學與心理學都有相當素養的「完整的人」。

就像胡適所說：「為學要如金字塔，要能廣大要能高。」不只做學問，做人也是如此，開闊的眼界讓馬友友整個人、他的音樂、還有他的人生也跟著開闊起來。

【範例一】200字縮寫法（請注意比對原文喔！）

（舉他人為例，必須有四個主要內容：❶人物及主要成就、❷某一段人物生平之故事與題目有關、❸人物講話、❹我對這個例子的評論。——四個可以自由變化，可以一個例子寫成兩百字一段，也可以二或三個例子縮成一段。也可以四個裡頭只有❶❸❹，也可以❸❹，也可以❷❹，也可以只有❸，也可以只有❹。）

聞名全球的華裔大提琴家馬友友（以上是主要成就及人物姓名❶），四歲開始學琴，高中畢業後選擇轉學就讀哈佛大學，但念的不是音樂系，而是人類學系。（以上是主人翁生平的某個事例，最好和題目有關❷）後來有人問他為什麼要這樣？馬友友回答：「現在我所做的一切，都要歸功於當時在哈佛大學所受的人文思想教育。」（讓主人翁講話❸）馬友友的大提琴聲，常常給人一種大器、開闊、情感豐富、平易近人的感覺，因為他在青少年時代就知道他要做一個不是只會拉大提琴，而且還會獨立自主、對歷史、文化、哲學與心理學都有相當素養的「完整的人」。（評論這個例子❹）

【範例二】100 字縮寫法（也就是文章須要一段舉兩個例子之用！）

華裔大提琴家馬友友（以上是主要成就及人物姓名❶），選擇就讀哈佛大學人類學系。（以上是主人翁生平的某個事例，最好和題目有關❷）他的音樂常常給人一種大器、開闊、情感豐富、平易近人的感覺，他曾說過：「這都要歸功於在哈佛大學所受的人文思想教育。」（評論這個例子❹加讓主人翁講話❸）

馬友友（以上人物姓名❶）曾說：「我現在的成就，都要歸功於當年哈佛大學所受的人文思想教育。」（讓主人翁講話❸）也因此他的音樂常常給人一種大器、開闊、情感豐富、平易近人的感覺。（評論這個例子❹）

【範例三】50字縮寫法（也就是我要一段舉三個例子之用！）

華裔大提琴家馬友友（以上是主要成就及人物姓名❶），他的音樂常常給人一種大器、開闊、情感豐富、平易近人的感覺，這都要歸功於他在哈佛大學所受的完整人文思想教育。（評論這個例子❹）

（只剩❶、❹的寫法）

【範例四】「一句」、「兩句」縮寫法（我要用同樣的句型來重複三、四個例子）

一句寫法——

馬友友（人物姓名❶）的琴聲常常給人一種大器、開闊、情感豐富、平易近人之感。（評論這個例子❹）（上面的形容詞是可以更改的！例如：「常常給人一種博大、自由、奔放、真摯、平和之感。」）

真實範例——三例疊在一起。

馬友友的大提琴聲常常給人一種大器、開闊、情感豐富、平易近人之感；費曼的物理奇想常常給人一種深入淺出、幽默、新奇、出人意表的觀察力與思考力；張輝誠的文章常常給人一種樸素、真摯、誠懇的溫馨感。

兩句寫法——

馬友友（人物姓名❶）的音樂常常給人一種大器、開闊、情感豐富、平易近人的感覺，都要歸功於當年哈佛大學所受的人文思想教育。（評論這個例子❹）

真實範例——兩例疊在一起。

馬友友（人物姓名❶）的音樂常常給人一種大器、開闊、情感豐富、平易近人的感覺，都要歸功於當年哈佛大學所受的人文思想教育；費曼的物理奇想常常給人一種深入淺出、幽默、新奇、出人意表的觀察力與思考力，都要歸功於他年輕時熱愛解開這個世界謎題的各種好奇心。

【範例五】200字縮寫法，加上細節描述（各位請先看過影片，想像一下！）

（只剩❶、❹，再加上細節描述）

馬友友（以上人物姓名❶）用大提琴演奏巴哈「無伴奏大提琴組曲」時，完全陶醉在他自己拉出的音符之中，時而俯身，時而昂首，眼睛微微閉上，神情舒爽，如同在夢境中輕輕搖晃著，彷彿琴弓與他的手已經融為一體，他撫拉著琴絃，拉出切切低語，擦出嘈嘈急語，他正與自己的內心進行一場甜美的私語，我們在一旁目睹了所有美好。（輝誠按：以上是細節描述，直接帶讀者看到現場）馬友友的音樂之所以能夠異於一般音樂家，表現出大器、開闊、情感豐富、平易近人，就在於他早在青少年時就知道要做一個不是只會拉大提琴，而且還會獨立自主、對歷史、文化、哲學與心理學都有相當充足素養的「完整的人」。（評論這個例子❹）

【範例六】如何將例子與題目結合在一起

一、一〇三年學測題目：〈通關密語〉（重點在「通關」和「密語」，示範如何變形成為文章的第二段）

聞名全球的華裔大提琴家馬友友，四歲開始學琴，高中畢業後選擇轉學就讀哈佛大學，但念的不是音樂系，而是人類學系。後來有人問他為什麼要這樣？馬友友回答：「現在我所做的一切，都要歸功於當時在哈佛大學所受的人文思想教育。」馬友友的大提琴聲，常常給人一種大器、開闊、情感豐富、平易近人的感覺，（從底下開始變形）那是因為他在青少年時代就遇到人生第一個重要關卡，要成為一個專業琴匠，還是成為一個完整的人，他的內心密語告訴他是後者，他要做一個不是只會拉大提琴，而且還會獨立自主、對歷史、文化、哲學與心理學都有相當素養的「完整的人」。——是的，「做一個完整的人」，也是我人生中最重要的通關密語。（第三段就接自己的例子，變成敘事文加抒情文。要有細節、過程、轉折、啟悟。）

二、一〇三年指考題目：〈圓一個夢〉（重點在「圓夢」，示範如何變形成為第二段）

每一個人都有夢，端看有沒有圓夢的願力與毅力。（加一段話在上面當引言）聞名全球的華裔大提琴家馬友友，四歲開始學琴，高中畢業後選擇轉學就讀哈佛大學，但念的不是音樂系，而是人類學系。後來有人問他為什麼要這樣？馬友友回答：「現在我所做的一切，都要歸功於當時在哈佛大學所受的人文思想教育。」馬友友的大提琴聲，常常給人一種大器、開闊、情感豐富、平易近人的感覺，（從底下開始變形）那是因為他在青少年時代就懂得自己的夢想，他的夢想是想當一位音樂家，而且是對歷史、文化、哲學與心理學都有相當素養的「完整人文素養的音樂家」，所以他在琴藝上不斷精進，在知識領域不斷開闊自己眼界與胸襟，在精神世界不斷提升與昇華，最後完成他的夢想，成為一個世界頂尖充滿人文素養的音樂家──是的，有夢雖美，但仍需有圓夢的動力與堅持，夢想能圓，生命才能更圓滿。（第三段就接自己的例子，變成敘事文加抒情文。要有細節、過程、轉折、啟悟。示範一下第三段第一句開頭：「我也曾有一個夢想……」）

三、九十七年指考題目：〈專家〉（重點在「專家」，示範如何變形成為重疊出現的短例子）

專家，學有專精，在各領域各擅所長、獨領風騷，帶領著人類抵達各種知識、技術領域極其孤峭幽深處之後，專家又再以其卓越非凡的智識與能力，將山窮水盡疑無路的有限疆域，拓展出柳暗花明又一村的新世界。（可以先寫引言在前面，然後再舉例）馬友友的大提琴在講究精緻專業的音樂世界，開拓出一種大器、開闊、情感豐富、平易近人的文人與音樂和諧的世界；費曼的費曼圖與物理新發現，讓人見識到專家的敏銳觀察力與透視事物的洞察力；張輝誠的小品散文以一種專業的寫作力帶領人們重新審視尋常的一切（故意湊出這個例子讓大家開心的啦，哈哈哈！）（一句話就是一個例子）。專家讓人們站在巨人肩膀上，看到更寬廣、更幽深、更清晰的世界。

（也可以例子先寫，結論後寫。）

馬友友的大提琴在講究精緻專業的音樂世界，開拓出一種大器、開闊、情感豐富、平易近人的文人與音樂和諧的世界；費曼的費曼圖與物理新發現，讓人見識到專家的敏銳觀察力與透視事物的洞察力；張輝誠的小品散文以一種專業的寫作力帶領人們重新審視尋常的一切（一句話就是一個例子）。專家，學有專精，在各領域各擅所長、獨領風騷，帶領著人類抵達各種知識、技術領域極其孤峭幽深處之後，專家又再以其卓越非凡的智識與能力，將山窮水盡疑無路的有限疆域，拓展出柳暗花明又一村的新世界。專家讓人們站在巨人肩膀上，看到更寬廣、更幽深、更清晰的世界。

11

2絕招 鍛鍊終極能力自學

學思達的核心關鍵，其實是「自學」。

不管哪一種教學方式，學習共同體、合作學習、提問式教學……在我看來都是工具，只要是工具，必然會隨著時代更迭而有所改變、甚至淘汰、推陳出新，所以我不把我的教學法命名為工具，而是以「能力導向」來命名，基礎重要能力的訓練，永遠不會隨著時代改變而改變。學思達教學法的一切種種教學方法與機制設計，都是為了支持與輔助學生自學能力的訓練與養成。所有的思考、討論、合作、競爭、表達等等訓練，都是為了建立、確定、深化「自學」能力的輔助過程。換句話說，學生是一個個個體，當一切機制撤離，離開學校之後，再也沒有人和他共學、與他合作、對他提問，學生做為一個宇宙之間存在的個體，就應該擁有個體最基礎的能力——自學。

學生唯有養成自學能力，才會對宇宙人生的現象、知識，充滿好奇、探索、揭露謎團的興趣、動力，還有能力。

自學之重要，在於學習的主動權交還給學生、掌握在學生手上。但若是沒有經過有步驟、長時間、適宜的自學機制引導、訓練，把學習主動權交還學生，問題也會隨之出現，因為台灣學生被動學習的時間太長了、太習慣了，根本主動不起來，老師把學習主動權交還給學生，學生非但不感激，反倒覺得攪擾、覺得負擔太重、抱怨多此一舉，很容易就出現抗拒、反彈。——這就像是我初開始教書，覺得讓學生「學會自治」、「學會管理自己」很重要，所以儘量不插手學生事務，但是半年之後，班級就失控了。我後來深切體悟到，若是沒有經過「他律」的階段、長期而有效的訓練，學生不太可以養成「自律」與「自治」。老師最應該深思的是，如何找到讓學生學會、習慣以及樂在「自學」。

學生上課不會睡著，能保有高昂學習樂趣的關鍵也是——自學。

老師如何才能訓練學生自學呢？

（一）要提供給學生充足資料的課本與講義

學生為何不能自學？因為資料嚴重不足。反過來說，老師何以上課能教書？因為老師擁有教師用書、參考書以及課前備課之舉、大學所受之專業學養訓練，上課之前把這些都閱讀、吸收、複習、整理過了之後，上課再講解給學生聽。這裡頭存在著兩個驚人問題：一是老師和學生之間，資料嚴重不對等的關係（老師有充足的資料，但是學生沒有）。二是老師透過講述，一邊講解，學生一邊抄寫筆記，除非是訓練聽力和抄筆記能力，不然學習成效低落（五％）之外，同時又浪費學生寶貴學習時間（學生基本閱讀速度是老師講話速度的三倍），以及大量學習的機會。

所以，要讓學生能夠自學，必須提供充足的資料。學生看不懂的，就要補充足夠資料到讓學生可以輕易看懂；老師上課要講解的話語，可以直接就變成文字，放進講義之中。換句話說，學生只要有充足資料，就能自學。（當然，也有老師問，為何不讓學生自己查資料？當然可以，關鍵在於：老師到底想要訓練學生什麼能力？假設老師要訓練學生動手自行從「各種管道」找到答案，如從圖書館、網路，老師應該還要再想的是：學生有沒有這樣的能力，是否先介紹圖書館和網路資源，以及學生有沒有充裕的時間……等等的問題）

如果提供足夠資料，學生還是看不懂呢？例如數學、物理等科目。如果大家夠敏銳，就知道這就是翻轉教室與翻轉教學的分岔點（翻轉教室是：回家看影片，到學校寫作業、問問題；翻轉教學是：從傳統的老師授課，變成學生主動自主學習），也就是要提供老師講解的「影片」了；如果不提供影片，那就是老師先上課講解，再讓學生自學。

（二）設計各種「強化機制」來刺激、引導、確認學生自學

學生有充足的自學材料，也未必會想自學，所以必須有一套又一套的強化自學的機制。第一個強化就是「以問答題來刺激學生思考」。學生面對問答題，不像選擇題有選項可選，就必須自行從課本和資料搜尋答案，問問題來刺激學生思考、閱讀、搜尋、整理、歸納，而且不同層次、不同難易程度的問答題，又會訓練出學生不同的能力。

學生若自學也找不到、想不出解答，第二個強化就是「分組合作」，透過同儕的合作，讓知道答案的同學去教不會的同學。若是都不會，學生自然就會打開手機，上網尋找答案。這個過程太重要了，這才是自學的表現。學生如果不知道答案，永遠倚賴老師提供解答，以後離開學校，自然很容易失去自行尋找解答的動力與意願。

如果每組學生學習動機大多低落，那就再提供第三個強化「組間競爭」。讓組內合作關係，建立在組和組之間的競爭關係上，提供學習的刺激與競賽。有老師認為，競爭會讓

學生產生功利性和挫折感。——不是的，其實學生離開學校之後，也要競爭的，為什麼不讓學生學會競爭，而且學思達是在團隊合作的基礎上展開競爭，不是台灣教學現場上，個人式通識能力成績評比排名的惡性競爭。學思達提供合作與幫助，然後再展開競爭，並且所有的評分大多屬於正向激勵，加分多，扣分極少。——如果學生已經擁有良好的自學習慣與能力，是不是一定要合作或競爭，當然可以不要啊！這個道理就像老師可不可以不要「學習共同體」，當然可以，如果老師有能力訓練學生自學，何必一定要分組，但是如果辦不到就要認真想一想，我需要提供那些強化機制，來建立學生自學能力。

如何確認學生自學成果？這時候可以再提供第四個強化機制「上台表達」。老師忙著填鴨，常常不知道學生學習狀況，教完之後緊接考試，就變成台灣教學常態。如果老師可以當場就確認學生狀況，小考文化就可以大量減少、甚至消失在台灣教學現場。所以每一道問答題都讓學生上台回答，除了可以訓練學生表達能力之外，更重要的是，老師可以當場確認學生的自學成效。

一個又一個的強化機制，最終都是要訓練出學生的自學能力！反過來說，一旦老師訓練出學生的自學能力，就可以減少強化機制，減少競爭、減少合作、減少充足資料的講義（讓學生自行設計充足資料的講義）、減少問答題（讓學生自行設計問答題）、減少表達（變成文字或自行理解即可），純然就是個體存在的自學狀態，學生每個都是思考者，都是哲學家、科學家、藝術家、企業家……的原始模型，學生擁有無限可能。

更重要的是，自學，才是學生一輩子都要使用到的能力、一輩子可以隨身攜帶的能力，也才是終身一貫的最重要的能力！

輯三——

學思達教學的迴響

12

湧動

學思達全台大進擊，但求平凡中見堅貞

我決定隨時打開教室之後，腦海裡馬上浮現十年後台灣教育新景象，只要我持續努力就可能辦到！

二十年前，我常聽祐生研究基金會林董事長講二十年後、五十年後、一百年後的台灣、世界景況，我常覺得董事長杞人憂天，講的內容都像天方夜譚。但是二十年過去了，當初他預言的「氣候變遷」、「極端天氣」等等都被他料中了。我且舉個例子，二十幾年前，董事長便長期資助「台灣女子職業高爾夫協會」，因為他認為，台灣體育可以和全球競爭的，只有女子高爾夫球，後來曾雅妮奪得世界冠軍時，我馬上想起董事長多年前的預言，驚訝不已。——換句話說，林董事長的遠見，他看到的未來，我根本看不到，而且我還不願意相信。所以當我看到第一次自己腦海浮現出十年後台灣的教育景象時，內心真正興奮不已，我終於也有預見未來的能力！我從前所受的學術訓練都是整理舊文獻、拾人牙慧、後見之明。但是林董事長和毓老師教會我的是：先見之明、實學和行動力！

所以我推廣學思達，一開始目標就是用十年時間，實踐出已然預見的台灣教育景象。

我的策略只有兩個：多管齊下、十年計畫。

策略一、多管齊下

推廣管道1 臉書

我想，如果說臉書可以讓阿拉伯產生革命，沒道理不能改變台灣教育。所以我從臉書開始，放上我的課表，隨時開放教室。

一開始根本沒人知道什麼是學思達，教室開放了也沒人來觀課（因為從來沒有這種事、老師也沒有自主前往觀課的前例或習慣）。好不容易盼到第一個北投某高中的地科老師來觀課，觀完課之後，他特地留下來對我說：「張老師，你這是後勢看漲的教學法！」（果真被這位老師料中，感謝他）後來他又介紹朋友來觀課，就這樣一傳二、二傳三，一年半的時間，就超過三千個老師來觀過課，遍及世界各地。

開放教室之後，我就堅持上班日都寫「學思達翻轉大會報告」（後來幾乎是天天報告了），一開始是寫關於學思達的文章，理論、實務和操作技巧；慢慢有老師來觀課之後，我就開始報告有哪些學校、幾位老師來觀課；若有老師觀課後或閱讀我寫的學思達文章、或聽我演講或看我演講影片，受到感動而寫了「觀課心得」（一開始都是我在網路上亂搜尋，搜尋到馬上轉貼；後來就有老師直接寫好寄給我），我就馬上在大會報告上轉貼；後來又有老師在課堂上嘗試學思達教學，受到課堂風景改變而寫下「翻轉心得」寄給我，我也直接轉貼；更驚人的是，也有老師開始開放教室了，寫來「開放教室心得」，我也是火速轉貼（大家不要小看這件事，這是正向激勵法，同時又誘發更多好奇心）。——就這樣，我幾乎每天貼（雖然原則是上班日），一貼就貼了一年半，而且我還打算貼十年！（毓老師堅持栽培人才是六十年，林董事長則是三十年，我只做十年，算是偷懶了。）

換句話說，我每天都在編一份學思達報紙！

我的臉友，從開始的二十三位，一路飆升到現在，就要超過五千滿額的極限，還有兩千位待加入的朋友。後來高雄市英明國中郭進成老師，又在臉書創立「學思達教學社群」，不到一年半，會員已達一萬八千人。漸漸的開枝散葉，現在還有「學思達分館」，包括生物、地理和國小國語等等社群。

中山女高吳麗卿校長曾經很關心問我：「輝誠，你一天到底花多少時間在寫大會報告？」（吳校長為了看大會報告，還特地去申請臉書帳號）我每天真的花很多很多時間，多到我文學創作的時間幾乎都耗進去（我有很多想寫的文學作品統統都自動延期），多到我可以賺很多外快的機會，也都統統推辭掉了（一堂課九千元的家教，可以從小六教到高三，也婉拒掉了；幾個兩岸文學、書評專欄也都推辭了），但是，每天花這麼多時間，浪費嗎？沒有，我每天都好開心、好感動，覺得超有成就感啊！這些都讓我願意一而再、再而三投入其中，一點都不覺得時間久、一點都不覺得累！

會用臉書來當做傳布學思達的主要方式，一來是參考阿拉伯革命的範例，二來是一開始我就知道，只有我一個人而已、沒有任何經費，如果我要大量散布和複製，必然要有自己的宣傳工具。臉書就是最簡易、最方便，同時也是我的能力足以掌握的工具，並且傳播之遠，幾乎是無遠弗屆（後來真的影響了美國、加拿大、阿根廷、日本、香港、澳門、新加坡等地老師；大陸臉書得翻牆，所以要影響大陸，勢必要更換宣傳工具）。學思達慢慢散布出去了，報刊雜誌和電視媒體也都聞風前來，但我都婉拒了，不上電視，也不接受專訪，因為林董事長和毓老師也不上電視、不接受專訪（兩位生平各只有一次破例，而且都是接受《天下雜誌》專訪）。林董事長說：「要做事，就不要出名！」我謹記在心。

有些朋友誤以為學思達是靠報刊媒體傳布開來的，其實不是，是靠我臉書上每日不間斷的「學思達翻轉大會報告」，我每天親手編出來的電子報紙！十年之後，這份報紙一定是台灣教育革新的重要史料！

推廣管道2 開放教室，兼自主研習

一開始開放教室，來觀課的老師根本搞不清楚狀況，所以我都趁著學生自學時，為觀課老師講解學思達。有時人數太多，同樣的話要講三到五遍，常常講到喉嚨沙啞（學思達上課，老師最大的收穫就是喉嚨不再沙啞，但我卻因為要講解給觀課老師聽，講到沙啞再沙啞），可是我樂在其中。換句話說，每天開放教室，就是我每天自辦研習，沒有鐘點費、沒有講師費。絕大多數來觀課的老師更驚人：自己請事假、自付交通費、沒有研習時數，從各地趕來台北觀課。我們一起用熱情，打造出一處驚人的台灣教育動人風景！

為了吸引更多老師來觀課，我訂了個規定，只要人數夠多或者全校國文老師一起來，我就免費教大家「簡易大考作文教學法」，也就是人家用高額費用來請我去家教的獨門絕招。我設計成學思達講義，直接讓老師體驗學思達教學時學生的感受。換句話說，我用好康的東西，來誘引更多老師來觀課、來體驗學思達。

開放教室有什麼好處？除了精進教學之外（因為很多老師會提供各式各樣的回饋，讓自己知道更多優點，以及可改進的地方），還能得到更多的善緣。第一個就是均一教育平台的專案老師呂冠緯（不久之後，他就升任執行長），他是台大醫科畢業，居然棄醫從教（一般人只想要「棄教從醫」吧）。他觀課後不久，又帶均一教育平台的方新舟董事長來觀課，方董事長後來提供多到數不清的幫助（簡單整理之：一是舉辦全台灣東西南北中五次大型「翻轉教室工作坊」，他把最重要的主場全給了學思達，連如日中天的葉丙成教授也只能講一個小時，學思達卻擁有兩個小時，董事長對我的信任，以及對學思達的遠見，再也沒有任何人可以比得上了。二是將學思達演講影片後製，放上Youtube，觀看人數至今超過十萬人。三是為學思達建立分享平台，讓祕書鄭涵勻小姐幫忙上傳講義到平台），加快了學思達的進度，擴大了學思達的影響。也就是說，沒有方董事長，就沒有今天的學思達，學思達是方董事長照顧下長大的小孩！

推廣管道3 主動出擊

我意識到只有開放教室，守株待兔可能還不夠。所以開始在臉書宣傳，只要有學校邀請，我就去教大家如何運用《青春第二課》進行「簡易大考作文教學法」。為了證明我不是牟利，我把全都演講費回捐給邀請學校，讓他們用這些演講費去買《青春第二課》給清寒學生，不要造成這些小孩負擔。

我之所以主動出擊，是想更突破，讓更多不用臉書的老師認識學思達。前半年我就這樣奔波全台灣各地，表面上是教老師們「簡易大考作文教學法」，實際上卻包裹著學思達，用學思達的講義及上課方式。教完之後，我會跟老師說：「這樣的上課方式，大家不會覺得很特別嗎？這樣的教學方式叫做學思達，對學生也可以這樣教喔！我的教室隨時開放，歡迎大家來看看。」

演講完後，我記得很清楚，有非常多次，我一上高鐵，馬上累到睡著，一路歪睡回台北。但是，在夢中，我還是好高興啊！

推廣管道4 結合全台各地傑出優秀老師

學思達如果從頭到尾都是我單打獨鬥，那一定沒有未來可言。我深信，我用學思達上課每天都讓我興致高昂，一定也會讓其他老師同樣興致高昂。我只要做出一個推廣模式來，其他老師必然也能循此模式，一起熱情出來推廣、甚至創造出更多獨特的推廣方式。

我的模式很簡單：從開放教室（最高標準）開始、到自主研習、外出演講（從幾個人、到全科、到各校、到大型翻轉教室工作坊、再到專門大型會議，如校長會議、全國高中主任會議）、甚至到國外演講……

但是，我需要幫助更多老師先開放教室才行。我一直在等待，三個月之後，終於讓我盼到了，位於宜蘭市的蘭陽女中高敏馨老師開放教室了（這間開放教室意義太重大了：表示學思達真的可以快速複製，成功打開另一間教室），接著就是宜蘭高中吳勇宏老師（國文科）、高雄市英明國中郭進成老師（公民科）、台中市明德中學卓憶嵐老師（國文科）、彰化縣復興國小許扶堂老師（數學科）、台東中學羅勝吉老師（化學科）、台北市永吉國小林姿君老師（國語科）……一個接一個開放教室，讓我信心大振。

於是我就「乘勝追擊」，結合這些優秀學思達老師，一起發揮更大能量。

吳勇宏、高敏馨夫妻檔老師開始全台灣四處演講，甚至遠征大陸西安、入班授課。吳勇宏老師也在「天下雜誌教育基金會」主辦的千人公開觀課和大陸特級教師ＰＫ；郭進成老師除了演講，更主動舉辦第一場學思達自主研習、第一場學思達短講、建立第一個學思達臉書社群；卓憶嵐老師演講不輟，並舉辦全台最多次數的學思達共備研習；許扶堂老師也到處推廣國小數學學思達；林姿君老師也是演講不落人後，加上她非常上相、台風穩健，只要是雜誌專訪、上電視，她就是最佳代言人……還有很多的老師用不同的方式熱情分享著學思達。

最讓我感到興奮的是，老師們一再突破我當初設想的模式，做出我想都沒想過、做也做不出來的新模式：真實入班授課、大型公開教學演示、學思達大型研習、學思達短講。

（果然，學思達能讓學生展現創意，也能激發出老師的創意！）

從「翻轉教室」一支到獨當一面

其中「學思達大型研習」和「學思達短講」尤具重大意義。

學思達大型研習，是高雄市教師會會長親自北上，和我敲定研習時間與研習方式。兩天四場，每場半天，第一小時由我演講學思達，第二小時由高雄在地老師使用學思達真實授課，第三小時則由高雄學思達教學的老師綜合座談（包括高中、國中、國小老師）。會長當初敲好所有細節後對我說，高雄教師會沒有經費，我回說沒關係，只要提供交通費，如果我不拿演講費，其他老師應該也不會拿，就這樣敲定了。（後來企業家方慶榮董事長來我教室觀課，課後問我有什麼需要幫忙的，我說我不需要幫忙，但是高雄教師會需要，方董事長馬上匯了一筆錢給高雄教師會，解決燃眉之急。之後董事長又匯錢給基隆教師會資助舉辦學思達大型研習，他說只要各縣市想辦學思達大型研習，他都可以幫忙，因為他認為學思達的教學會讓台灣教育更好，他小時候就是接受類似學思達的教育，才會有今天的成就。）

高雄學思達大型研習，雖然在週六、日舉辦，但仍有一千兩百位老師和家長熱情參與。結束後，基隆教師會也緊接著舉辦，更驚人的是，原本高雄上課的學生是由老師充當，但基隆場卻是會長親自去找了真實的國中生和小學生來上課，真槍實彈，極為精采。——學思達大型研習的意義在於：原本學思達都是依附在均一教育平台「翻轉教室工作坊」底下，學思達大型研習的舉辦，宣示著學思達獨立自主的開始，學思達已經茁壯到可以開始獨當一面了！

高雄學思達短講，是郭進成老師的創意之舉。這個短講，形式雖然是模仿TED演講，每人演講十八分鐘，但所有講者都是素人老師，同時帶有研討會的討論人形式，分享過程完全沒有學術研討會的應酬與針鋒相對，而是全然無私分享與溫暖感動！這個短講有什麼重要意義呢？那就是：學思達真正讓國、高中老師開始擁有自信、有舞台、有能力表達出自己的專業教學能力，可以得到肯定、掌聲和榮譽！十二位老師上台的意義就是：有愈來愈多老師可以站出來獨當一面！（十二位老師分別是：蔡宛穎、蔡宜岑、林晉如、林健豐、王建正、謝曉慧、劉育豪、蘇澤宸、黃尹歆、蔡元忠、張琳、石珮蓉，更詳細內容請見頁一八三，附錄2）

其實，全台灣各地都有傑出優秀的老師，但是台灣教育現場先讓學生上課沉默不語，老師也隨之沉默不語。在填鴨當道的教學環境之中，只要進行教學創新，不是被視為異類、就是被視為高調、作秀、愛現、搞怪……所以進行教學創新的老師也就默不作聲、獨善其身。我認為這簡直是台灣教育資源的浪費與損耗。唯有把這批人召喚出來、團結起來，提供舞台讓他們登台亮相，讓他們從壓抑之中重新揚眉瞬目、顧盼自如、昂首闊步，一起站出來，一起為台灣教育努力！所以林健豐老師帶著他的「區分性 ABC 教學法」出現了、彭甫堅老師帶著他的「數學咖啡館」出現了、聲名遠播的王政忠老師也高舉著「MAPS 教學法」出現了……學思達召喚出一個又一個傑出優秀的老師、召喚出一個又一個創新的教學法。

策略二、十年計劃

我一開始擬定學思達的推廣計畫，就是十年。

第一階段：前三年，主力先放在國小、國中、高中教學現場的老師身上。

推廣方式，就是上述的「多管齊下」。不過，因為均一教育平台方新舟董事長的大力幫助，讓前三年的推廣效益大大提升，學思達已經開始同時進入第二階段。

台灣教學現場的老師不是不願意改變，而是缺少完整的創新教學的認識與體驗，更缺乏真正足供觀摩與學習的教學現場（追根究柢又是教室緊閉造成的結果）。學思達之珍貴，不只是提供理論（理論真的容易講，但要實踐出來真的不容易），更提供一套環環相扣、簡易實施的操作技術，還提供一整套完整的支援系統。

四步驟，成功打造教學新模式

如果說，學思達有什麼珍貴之處，在我看來就是學思達是最早把整個「觀念（由文章或演講中呈現）↓隨時開放教室↓可以複製↓無私分享」的模式在台灣教育現場打造出來。

步驟1 觀念傳遞

學思達已經有良好的實踐成果，但我必須將實務結合理論，打造成一個堅強且充滿說服力的全新教學法和全新觀念。一開始，我知道不會有人對學思達有興趣，所以一方面開放教室供人參觀做為號召，另一方面不斷寫文章解說學思達是什麼，再另一方面則四處演講。學思達的最大進展就是，誠致教育基金會錄製我的演講並進行後製、配上字幕，放上Youtube，這一播放即產生驚人的效果，觀看影片的人數已超過十萬人，和執行長呂冠緯當初預估（但我壓根不相信）的數字居然一模一樣，而且還在不斷攀升。

學思達的觀念最早是透過文章傳播，後來透過影片播放，得到飛快的散播效果，更打破地域疆界，遠達香港、澳門、日本、新加坡、馬來西亞、美國、阿根廷等地。

步驟2 隨時開放教室

學思達是台灣教育史上，第一個對外公告開放教室的翻轉教學法。學思達保證課堂上沒有一個學生不專注、沒有一個學生會睡覺（除非特殊原因如生病、吃藥、生理痛等等，並經過老師認可），用教學現場直接感動老師。

換句話說，學思達把最高的標準做出來。

進行學思達教學法的老師，有沒有成功，檢驗的標準很簡單，就是能不能開放教室，讓大家看到課堂上沒有一個學生不專注、沒有一個學生會睡覺。

若其他教學法宣稱也很好，務請隨時開放教室，讓大家進去看看這教學法到底有多好，能不能做到沒有一個學生不專注、沒有一個學生會睡覺。如果做不到，我們就很難相信這教學法有多好，因為經不起現場檢驗；如果能辦到，那就太好了，全台灣的老師又有一個很棒的教學法、教學現場可以學習了。——這豈不是台灣教育之福？

在我看來，隨時開放教室，就是學思達對台灣教育最大的貢獻。

步驟3 可以複製

為了可以讓學思達順利大量複製，我必須把支援系統做出來，這要歸功於誠致教育基金會幫忙架設「學思達分享平台」、和郭進成老師創立「學思達教學」臉書社群，當然，還有我每天放送「學思達翻轉大會報告」的個人臉書。

有了三個支援系統，老師們就進入一個良性循環結構。因為每個老師新接觸學思達，必然要像小孩一樣被人攙扶，一直到他可以獨立行走，這段過程，都必須有人幫忙。

學思達的模式是這樣：

（一）朋友之間開始熱情、興奮分享學思達訊息。（因為有老師參加了相關研習、有老師實施學思達之後有了成就感、有老師實施學思達居然成功了，有了更大的成就感。）

（二）有老師好奇了，有影片可以自學。

（三）有老師想行動了，有開放教室的現場可以觀課。

（四）有老師想動手做講義了，已經有老師幫他做好放在分享平台（分享平台沒有，老師自己動手做，又上傳到分享平台上）。

（五）有老師失敗了，臉書社群的夥伴可以詢問，相互打氣。

（六）有老師一點點成功了，臉書社群的朋友會為他喝采；老師終於成功了，又熱烈再分享給其他朋友，又形成良性循環。

（七）有老師想要增能，有共備社群支援。

（八）帶頭老師又不斷鍛鍊自己，讓自己愈來愈好，又無私分享給其他人，又一個良性循環形成。

學思達成功了，就是隨時開放教室，一年半來，學思達已經成功開放了四十多間教室。換句話說，學思達真正做到了可以複製，還要朝更大量的複製前進。

學思達何以能大量快速複製？我曾經在臉書上發起有獎徵答，茲摘錄其中兩位老師的看法：

新竹實驗高中朱宜琪老師——

❶ 張老師「學思達的教學法」其實是一套很嚴謹的方法，有教學目標、學習目標、實施方法（自學、思考、表達）、實際操作（觀課）、回饋都有詳實的說明。一般

老師沒有實際觀課，透過閱讀輝誠老師的資料，也能有實驗方法的依據（我個人即是）。當然實際觀課後，想必能有更深刻的認識，這套堅實的教學方法，讓想效法的老師有了操作的根據。

❷「自學、思考、表達」其實是二十一世紀人才所需具備的條件。現在的資訊工具非常便捷發達，老師要教的不該只是知識，還有方法，這些觀念大多數的老師都知道，但是要怎麼做呢？很多人恐怕無法清楚（有系統）的回答，輝誠老師的學思達教學法正好提供了清楚的答案。

❸另外，張輝誠老師無私地在演講中、教學平台、個人臉書等等，分享自己的教學檔案，讓想要嘗試學思達的老師，有了可參考的資料庫（人說萬事起頭難，這些資料減輕了起頭的難處），我想資料庫的建立是非常有幫助的。

❹承上，這些網路平台、臉書社群讓老師們有了分享的場域，無論成功或失敗，

不論彼此是否相識，大家都因這學習團體而成長，教書似乎不再只是一個工作，過程中老師的內在驅力受到鼓舞，對自己的工作都更有自信了。

雲林鎮東國小蔡志豪老師

自學、思考、表達的概念人人會說，但能實際在課堂運作的不多，或是成功翻轉的案例，要複製也不容易。再說有效教學、差異化教學、補救教學等方案也多流於形式，但學思達因為多了在課堂利用講義自學、分組討論的過程，差異化教學、補救教學、甚至班級經營在此都能兼顧，低中高程度學生也能有不同收穫，這是其他教學法幾乎不可能達到的任務（除了在家看影片的翻轉教室）。因此學思達可貴之處，就是操作模式易於翻轉，看似簡單的過程其實十分嚴謹。這是學思達易於推廣複製的重要因素之一。

兩位老師的看法都非常準確，我再補充兩個關鍵：

學思達的另一大關鍵，是擁有完整而具體的操作細節，並且可以輕易複製。「複製」是我在祐生研究基金會接受二十年訓練所學到的重要本領之一。林董事長說：「要推廣，一定要能複製，要能複製，就必須有『秩序』。複製出去之後，還要不斷精進。」所以學思達一開始就以「可以複製」為出發點。第一個複製出去的是我太太；前幾個複製案例之一是北一女徐秋玲老師。他們一開始也不是很順利，但經過不斷調整，找到較好的合適機制，漸漸也就進入穩定狀態，順利半翻轉或全翻轉。

再者，隨時開放教室讓人觀課，難度實在太高了，但同時也具有強大吸引力，連葉丙成教授也對我說：「隨時開放教室太難了，沒想到有人可以做到！」眼見為憑，教學不是空談理論，學思達講理論，也實際操作，天天開放教室，等於天天研習，天天感動人。這就是實學，也是毓老師教的：「知識沒有作用，就不是知識！稍微用點心，都知道讀書人的責任！你們不去改善台灣，還做夢！」學思達就是實學！

步驟4 無私分享

我一直說，我是接受祐生研究基金會長達二十年的栽培，林俊興董事長從沒說過要我們報答他，而是希望我們將來有能力了，就去報答台灣，讓台灣變得愈來愈好。——這就是學思達的真正精神。

學思達之珍貴就是老師之間開始無私分享，大家各自貢獻一己之力、一己之長，這樣大家都能不斷增能。換句話說，學思達最後會變成台灣老師的集體智慧、集體創意、共同成長的最重要來源與動力。

眾志成城，學思達只會愈來愈強大，強大到可以徹底改變台灣填鴨式教育，還給我們下一代良好的學校教育品質。

第二階段：第四和第五年，主力放在校長。

為何第二階段是校長？因為老師改變了，校長卻不支持（例如不支持開放教室），甚至反對（家長一給校長抱怨、施壓，校長就要老師改回原來填鴨教學），這對創新教學的老師都是嚴重打擊。

學思達甚至還要做到，台灣開始有學校提出自己的特色就是「學思達教學」，標榜自己是「學思達學校」！

我要做的事就是激勵校長們開始突破現狀，我期待在「學思達翻轉大會報告」可以報的是：哪一個校長、哪一間學校是第一所學思達學校，哪一間是第二所……目前就我所知，台灣已經有兩位以上校長（一間大型、一間小型學校）開始朝這個方向努力了。我十分期待他們早日成功，更期待他們成功之後，很快打造出一個校長式的推廣全校學思達的模式出來，然後又可以簡易、快速複製到其他學校。如此一來，學思達就會進入一個截然不同的新階段——學校之間的快速複製。

校長可以怎麼做呢？請參考我推廣學思達的方式與過程。

主要就是：**先提供觀念**（放學思達影片或印學思達文章給全校老師看，讓老師們先知道學思達觀念。有位校長利用校務會議放影片給全校老師看，看完之後，校長馬上開始提問，完全就是學思達教學的方式！），**鼓勵外出觀課**（校長批准老師請假，能提供公假更好，新化高中還提供老師公差假！），**鼓勵共備**（校內、校外共備都可以，想要知道高效益、高品質的共備增能方式，學思達已經有很多老師開始跨校、環島共備，如卓憶嵐、郭進成、蔡宜岑老師等等，讓許多老師受益良多），**鼓勵校內開放教室**（一開始讓校內老師自行來觀課即可，林園中學郭鈺君老師團隊已經做出最好示範），**鼓勵隨時對外開放教室**（台灣已經開放四十間，開放愈多間愈好，日後一定可以成為國內外現場老師的學習對象，以及師培生的最佳訓練現場），**行政全力支援**（這就是校長領導專業應該要多加思索、盡情發揮的地方了）。

第三階段：最後五年，主力全在家長。

為何學思達一開始不是校長和家長，因為校長和家長先知道，一定會反過來強迫老師改變，問題是老師觀念還沒改變、能力還不夠健全、增強，一經逼迫，反感、反抗和反效果都會隨之而來。就像匆促讓學生開始自學、討論、表達，卻沒有給予適當訓練，學生也會反彈、反抗、厭惡的道理是一樣的。

我想應該沒有家長願意把小孩送進學校受苦，也沒有家長不想讓自己的小孩接受良好而健康的學校教育。家長注重成績、注重升學率、甚至對創新教學感到懷疑，其實不能深責家長，因為幾乎所有的家長都是這樣長大的，他們和老師一樣，都必須經過觀念的調整，慢慢理解。時代不一樣了，學業成績不再獨尊，還需要更多能力來面對快速變化的未來……這些都必須翻轉家長的觀念。

所以要花最多時間來改變台灣家長。當然，很有可能，家長和小孩都有新觀念之後，最後也會反過來要求填鴨的老師改變，因為家長和小孩都想要接受良好而健康的教育，不想改變的老師，到時候就必須接受被強迫改變了。

愚公移山的第一年半過去了。最適合拿來做結論的話，還是毓老師說過的話：

「你這份工作很有意義，好好努力。好好努力，不是要求功。急功，就會虛偽。任何事，有一分作為，才能說一分話。慢慢來，發揮影響力，要在平凡之中見堅貞。」

路很長，學思達會一直保持「在平凡中見堅貞」！

附錄1

學思達一年半來的成果

一、全台灣第一間可以隨時開放供人觀課的教室，隨時讓全台各地國高中小老師、家長、大學生（研究生、博士生）、大學教授、校長、記者自行觀課，不是作秀，每一節都是真實教學現場，每一節都讓老師們看到學生專注眼神、高效益學習。

從中山女高第一間上網公布課表隨時開放教室（2013.9.8），一年半之後，直接影響或間接鼓舞全台灣老師做到隨時開放教室的間數已達四十間（其中以學思達教學法最多，高達二十多間），隨時開放供人觀課的教室，從國小、國中到高中職都有。

二、從各地來中山女高教室觀過課的老師，一年半之內，超過三千位，遍及全台，還有遠從新加坡、澳門、香港、韓國等地來觀課的老師。更有一團海外華文教師團，成員遍及全世界：菲律賓、越南胡志明市、約旦阿曼、英國、德國、法國、美國、加拿大溫哥華、巴西、巴拿馬、多明尼加、澳洲、紐西蘭、南非。

三、學思達完全突破年級（包含國小、國中、高中、大學、研究所）、完全突破校際（上傳講義的學校分布全台與國外）、幾乎突破所有科別（國文、公民、英文、生物、美術、社會、數學、化學、地理、音樂、國小自然等等）。

四、學思達開始在全台各地發酵：自主研習、學思達大型現場教學演示研習、學思達短講研習。

五、學思達的影片上傳Youtube將滿一年，觀看人數（兩個上傳點合計）超過十萬人。學思達已經開始影響海外，老師們受邀到西安、新加坡、越南胡志明市、南京、澳門等地演講分享。

六、學思達教學分享平台從簡單的三、四篇學思達講義開始，如今已超過數百篇，全台老師紛紛上傳講義。觀課老師深受感動而自發撰寫觀課心得，多達一二五篇（高中101＋國中10＋國小4）。經由看講義、或影片、或現場觀課的老師，開始進行翻轉，並寫下翻轉經驗的老師，共有四十二篇文章（高中32＋國中5＋國小5）。

七、「學思達社群」迄今人數超過一八〇〇〇位，創造了堪稱全台最大的老師專業社群。學思達讓課堂上的學生眼睛亮起來，讓老師重新獲得教學的熱忱、專業與成就感，激勵了一個又一個老師，從尚未教書、到教書五年十年十五年，甚至二十四年；讓已經退休、或離職的老師遺憾退休太早、後悔不該離職。

附錄2
高雄學思達短講的重要意義

第一：完全自主，跨界研習

這是台灣教育史上，第一回由國高中小老師自主發起（沒有經費）、自主參加（不是公文強迫），針對「現場教學法的分享、討論、反省與對話」所舉辦的教學短講形式研習，上台演講的都是國高中小教學現場的老師，對話討論的也都是國高中小的老師。並且跨級別（從小學到高中）、跨學科（國文、英文、數學、歷史、綜合、理化、音樂、地理），級別之大、領域之寬，前無所聞。

這裡頭有什麼深刻的意義呢？

國高中老師有自信、有能力、有舞台表達自己的專業教學能力，現場除了主持人馬琇芬老師之外，全都是中等、初等教育現場的老師。我常說，大學教授有專業知識能力（而且領域還非常限縮），但要談教學能力，國高中小老師都應該顯現當仁不讓的自信，因為教授也不一定有能力教大家真正的實務教學能力（不相信，請教授們隨時開放教室讓大家觀課）。換句話說，專業知識和教學能力是兩回事。問題在於，台灣中、初等老師在教學專業上，根本沒有獲得肯定的機會，又常常自慚於專業深度知識不及大學教授（其實國高中小老師的知識廣度未必不及教授們），於是變成一群沒有聲音、沒有自信、沒有成就感、沒有舞台表現的沒沒無聞老師。——這是不對的，學思達就是要改變這種現象！學思達短講，正改變了這個狀況！

當台灣學術界領域愈劃分愈窄細、學校內學科分別愈來愈壁壘分明、學校與學校之間鴻溝愈來愈巨大，但是學思達短講卻讓所有學科的老師、不同級別的老師坐在同一現場，討論各科的知識內容。為什麼？因為學思達教學法才是真正可以貫通各類知識傳授過程，知識內容或許不同，但學生的能力培養卻是大同小異，填鴨來填鴨去，已經沒什麼好講的了，大家只能比比口才、比比準備教材的豐富度。但是全新教學法卻能讓老師不斷講來講去的是，學生各種能力如何展現、學生學習熱情如何自然湧現、學生的創意如何不斷出現……太多太多，多到老師經常情不自禁，一定要想辦法出來分享！

第二：國、高中老師成為舞台明星

如果大家夠細心，就應該會發現主辦人郭進成老師並沒有上台，沒有成為十二個講者的其中一位。郭老師正好示範了學思達的核心精神：把舞台讓出來，訓練學生、成就學生；同時再把舞台讓出來，訓練老師（他把十一位講者盡可能都先邀請去他家分享、練習、討論）、成就老師。他沒有把光芒集中在他身上，連主持人都交出去，隱身成為主辦人。這就是學思達！不爭功，把一切榮耀歸諸他人，成就愈來愈多人！但是他內心的快樂與成就感卻是最多！

如果說二〇一四年九二八教師節，全台灣有二一三六位老師參加台中明德中學舉辦的研習，但講師只有葉丙成和張輝誠，要是這兩個傢伙開了頭，卻後繼無人，這就有問題了。然而學思達短講的舉辦，證明了：後繼有人，有愈來愈多老師成功了，愈來愈多老師可以登上舞台，愈來愈多老師可以獨當一面。十二位老師，證明給大家看，他們做到了。這十二位老師創造了台灣教育史、學思達史嶄新的一頁！

——郭進成老師沒告訴大家的事，時間有限，不然不會只有十二個老師！

我很喜歡葉丙成形容學思達的話，他說，學思達是打組織戰！

一年半前，還有人預言學思達是造神運動，獨尊某人。我說，錯了，恰恰好和學思達的精神背道而馳，我也毋需多加辯說，時間會證明一切。現在才一年半，連郭進成老師都開始隱身舞台之後了，我們要造的是下一代的美好教育現場，不是造神，從來就沒有獨尊過某人！

第三：老師創意不斷湧現，短講就是新鮮研習形式

學思達可以激發學生創意，自然也能激發老師創意，雖然短講是模仿 TED 形式，但講者卻是素人老師，又帶有研討會的討論人形式。分享過程完全沒有學術研討會的應酬與針鋒相對，全是無私分享與溫暖感動！

第四：老師們相互提攜

學思達讓學生進入合作與競爭，老師之間也是如此。短講絕大部分是學思達的老師，但也有其他翻轉新教學法的老師。學思達讓學生之間欣賞彼此的亮點，老師也是如此，不同教學法欣賞彼此的亮點。

二〇一三年九月開放教室，我就看到學思達十年後的模樣。才一年半而已，短講出現了，我且來說說，我還看到什麼，先透露一些，十年後會有六二五間開放教室，不久之後，就會有老師標榜「我是學思達上課」，而且會有學校的特色是「學思達學校」！——不信，我們一起來看！

13 進化　未來老師，化身課堂製作人

現在孩子的學習動機和過去很不一樣了。幾十年前，台灣大多數人生活貧困，讀書，是為了要翻身，為了改變貧困家計。但是這一代學生，大多在衣食無缺的環境長大，根本不需要再為了翻身而讀書（失去內在動力），而且生活中比讀書有趣的事情多太多了，為什麼還要他們讀書？——身為老師必須嚴肅面對這個問題，為什麼學生需要讀書？為什麼讀書這麼無趣？讀書難道只是為了應付考試？——老師不能再用考試的手段來強迫學生讀書，這樣的逼迫，將來社會還要付出更慘重的代價。

學校教育、課堂學習、老師教學，如果讓學生的學習沒有樂趣、深受其苦，甚至深受

其害，這都是不健康的教學！

因此，老師的角色勢必有所轉變。

過往的教學，老師幾乎是包山包海，透過嘴巴、PPT、肢體表演，淋漓盡致地把知識傳授給學生；但現在不是，**老師必須變成知識的引導者，讓學生看到完整的知識地圖，幫學生找到更好的知識材料、影片、聲音、更多更好的由淺而深的引導問題，更有效率的教學技術、機制，來進行更高效益的教學。**

學思達教學整個過程表面上看起來，好像只有學生在自學，實際上不是的，其實老師無所不在，老師的引導、問題意識、資料剪裁、組織材料，甚至原本上課所要解說的話都直接化為文字、呈現在講義上。換句話說，老師不再是講台上唯一的主角、唯一的演員，而是化身為整堂課背後的製作人，老師引導學生一步步自主走入知識領域，引導學生感受知識路上的沿途風光、山明水秀、波瀾壯闊，甚至感受到知識境地極深極幽微之處的「山窮水盡疑無路，柳暗花明又一村」的喜悅，引領學生越探越險，指導學生爬上更高之處，讓他眼界高、心胸廣、見識精湛，學得多、學得廣、學得深、學得好、學得開心、學得充滿成就感（學生學思達的喜悅與成就感，竟然是來自於「嚴肅學習、深入思考」！），甚至還可以學得快（學思達很容易就能讓學生超前學習，這樣才有可能真正落實在大規模常態編班底下，兼顧資優教育的進行）。

換言之，老師成為學生學習路上最重要的核心人物，學生的學習位階變高、學習成就與熱情產生，老師的引導位置必然也要跟著變更高、熱情也會受到學生熱情的感染而愈來愈旺盛，老師的成就感也會愈來愈大，師生砥礪，不斷與時並進。如此一來，老師非但在翻轉的浪潮中，不會被網路上提供愈來愈多的免費教學影片所取代，而是更加被珍視、被尊重地確定了確乎不可動搖的引導、製作人之地位。

當老師一直講一直講，其實學生大多處於沒有動腦的狀態，而老師只是把課前備課的資料記在腦海或抄寫在筆記上，於課堂再唸出來而已。因此，講台上講課的老師很累，聽課的學生更累，老師看到學生渙散的眼神又更累，師生只好一起走上「催眠」之路。翻轉教學真正迷人的地方就在於，老師看到學生自學時，居然進入驚人認真的模樣，遇到自己無法解決的問題，可以自己動手查閱資料、可以相互支援，甚至可以舉手發問，自主地去嘗試釐清、尋求支援、解答困惑；老師上課也不是一直坐著或站著霸佔住講台，而是在課堂上的各組之間來回巡視，觀看所有學生的學習狀態，學生提出問題就不斷再拋出更多問題去引導、刺激學生思考，老師不能告訴學生答案，而是透過不斷提供更多線索和問題，讓學生自己想出答案！

師生不斷自我超越的課堂風景

進行到學生上台發表時，老師馬上搖身一變，成為主持人。老師顯得忙碌而活躍，一方面要仔細聆聽台上學生回答問題，另一方面還要關注台下所有學生的整體反應。如果有台下學生不專注，就得暫停，然後老師開始拋出問題，反問不專注的學生，目的就是要維持住全班發表和聆聽的最佳狀態。台上學生發表完之後，老師必須馬上判斷對錯、好壞，如果回答錯了，老師還得考慮是要自己親自引導，或者讓其他同組同學進行補充、或是進行全班開放搶答。整個課堂風景，老師在動腦，學生也在動腦，而且每個學生的想法各有所異，學生的意見被聽見、被看見、被尊重，創意和多元的欣賞才會源源不絕地在教學現場中出現。

所以學思達教室必然呈現一種完全活化的教學狀態，大異於過往只會愈來愈死寂的課堂風景。這就是為什麼台灣教育需要翻轉，因為老師會非常有成就感，而且學生的熱烈反應又一再地刺激老師。千萬不要小看學生，學生們的創意，常常出現比老師原本認定的正確答案還要好；就算不如老師預期，學生也才能藉由彼此的回答，發現自己和同學之間、自己與課本、自己與老師之間想法的落差，得到比較，也得到可能的進步空間。

學思達讓師生共同成長，成為真正的可能。如果學生永遠都是在吸收老師備課之後的知識，很快就會形成不斷遞降；因為縱然老師把備課之後百分百教出來，學生最多也就是吸收百分百罷了；但翻轉教學，老師的百分之百都記錄在講義上，學生的創意和表現卻有機會超過百分之百。換句話說，學思達讓師生處在一個不斷超越的過程。

舉例來說，當老師開始抱怨很想改變教學方式，但是能力不足、行政不支持、資源很少等等，可是如果是具有學思達精神的老師，他就會努力想辦法去克服。就像在教學現場，一個老師遭逢問題，不應該是抱怨學生不認真、不用功，而是反求諸己，是不是我也有問題？我能不能改變或設計出一些機制，讓學生用功，讓學生認真，讓學生積極起來。所以，我常常告訴實施學思達教學的老師，遇到問題，太好了，因為老師就必須動腦想出一個解決辦法。真解決不了，就問其他老師，其他人都沒辦法解決，就應該想：「太好了，那我有沒有可能想出一個方案，解決大家都難以解決的難題？」說白了，學思達就是我在這樣的困境中實驗了十幾年，才終於發展出來的。而不是一直抱怨教育體制惡劣、學校行政不支持，社會瀰漫功利主義、分數至上……抱怨解決不了任何問題，必須透過改變機制，才有可能解決問題！

分享，相互交流、相互學習

學思達教學法當然不是放諸四海皆準，完全適用於每個班級、每個學科、每個級別，但我相信，學思達的精神是一貫的，即使方法可以改變，精神卻不會有任何動搖。我希望學思達的老師，也能和學生一樣進入分享的模式，所以只要有學思達的老師有了突破性的做法、機制，馬上分享出來，其他老師就能受益，得到幫助。譬如之前有位老師寄給我一張改良過後的互評表，他把互評表做成可以馬上舉牌，然後再加上海螺圖（詳見頁二四四附圖），這個改良對國中生、高中男生刺激很大，同學上課都很high。因為我的學生是女生，臉皮薄、容易害羞，當場舉牌給分，很容易傷到自尊心，所以評分不能太過張揚；這位老師則說：「高中男生呢，是不見黃河心不死，有了舉牌，再加上海螺圖計分，充分呈現出競爭態勢，哪一組走到哪個位置，清清楚楚，刺激學生競爭，學生們彼此較勁得可厲害囉！」

另外，老師之間的共備，其實也是分擔備課壓力、相互增能的最佳方式。除了分擔備課的辛苦，也能學習到彼此的優點，發現自己教學的盲點。共備過程，老師和課堂上學思達的學生一樣，也是同儕之間相互交流、相互學習、相互進步。學思達讓發生在學生身上的事情，同樣發生在老師身上。

為什麼學思達老師很快就走向共備，很快就尋找到志同道合的老師一起合作？因為這些老師是真的願意相信、認同、接受學思達的觀念，甚至願意開始實驗學思達。他們在自己的身上感受到熱情，也看到相同理念老師身上的熱情，彼此認同是最好的開始。接著馬上要邁入第二個難關，進入技術層面。巧婦難為無米之炊，沒有講義、沒有問答題，就沒辦法學思達，所以必須先準備。然後才是真正要進入教學現場。在教學現場實踐後，老師又興奮地分享出來，同時也著手進行調整。學思達就是這樣一關又一關，少了其中一關就有可能前功盡棄。當然，真實的教學現場，有可能和他想像或是去觀課的現場相去甚多，造成很大的挫折。其實，學思達也好，其他各種創新教學法也好，難度都比填鴨式教學來得更高，也就因為難度高，才需要那麼多人的力量一起幫忙，也因為這麼多人的力量加總起來，最後必然會走向台灣師生共同成長這一條路。

口述教學，留在最關鍵的課題

有老師必然想問，填鴨式教學難道真的一無可取、一無是處嗎？不是的，填鴨教育還是有存在的必要，只是不能從頭到尾、耗費太多時間填鴨。在學思達教學現場，傳統的單向式口述教學並沒有完全消失、完全被淘汰，而是擺在所有學思達教學流程中的最後一關。學思達最後一關就是老師進行統整，老師統整就是單向式口述教學。差別只在於，學思達把它壓縮到最少的時間、最精緻飽滿的單向式口述教學。

我認為學思達做到一些很重要的突破：第一，把預習拉到課堂上完成，學生自學就是在預習，學生是自行閱讀講義後，講義拋出問題，由學生自行解決問題。第二，學生在思考、解題時，能夠從記憶、理解，而跳升到分析、評鑑、甚至應用、創造，所以學生有機會從低階的學習向上躍升；老師能夠如此做的關鍵就是：設計好的問答題，引領學生由低而高，進入不同變化的學習歷程；最後，老師統整時，只講最重要、最精采、最動人、最關鍵的知識，不用再講學生自己看就能懂的知識內容，師生攜手進入高層次的學習境域。

其實，學思達老師單向式口述的統整是完全填鴨，但遠比一般填鴨教學還難。因為填鴨式充斥著整堂課，幾乎沒有高潮起伏，但是學思達的統整，只表現高明、高潮、高遠。老師必須用最精簡的時間，講出最核心、最關鍵、最重要的東西給學生聽，同樣進行填鴨，但效果出奇得好，而且完全建立在學生已經有了學習的基礎之上。一般的填鴨式教育是夾泥沙的巨廈，重要也講、不重要也講，甚至有時候不重要的知識講最久，等講到真正重點時，學生反而不想聽了，因為專注力渙散了，又或者考試根本不考。

話說回來，我的毓老師上課也是單向式口述教學，嚴格來說就是填鴨，但毓老師的學生會覺得他填鴨嗎？完全不會。因為毓老師講的是生命學問，講實學，為學生打開責任感、生命視野、胸襟、氣魄，像灌氣一樣灌給學生生命的力量與養分。問題是學校裡的老師，有教生命學問嗎？有教實學嗎？絕大多數都是講知識，跟考試有關，卻無關自己和學生的生命；毓老師從不考試，不在意成績，他評判標準和學校教育完全不同，他在乎的是十年、二十年、三十年、多年之後，學生有沒有成材！對人類社會有沒有貢獻！他只講對人生有意義的知識和實踐，這也是為什麼他的課沒有研習時數，沒有成績單，沒有證書，沒有互評，而一代又一代的菁英不斷地上門聽講。

學思達就是要在體制內的學校，創造出毓老師自辦私塾的深切期望，訓練學生，最終能夠成材、能夠為人類社會有所貢獻！——這樣，課堂內的老師，才真的是一個波兒棒的製作人，努力培育出擁有能力、成材、充滿公益心，一個又一個健康又良好的學生，國家未來棟樑！

14

釋疑
學思達教學法關鍵14問

課堂教學

Q1：學思達這套教學法固然好，但不斷讓學生自學、討論、發表，教學進度是否會變慢，應該授課的課程是否上不完？

A：好問題。不過我希望我們先回過頭想一想，當我們辛苦地把課程趕完了，到底是老師安心？還是學生安心？是否老師把課趕完了，就代表老師責任已了，學生考不好是學生的事？老師是否考慮過學生有學好嗎？如果沒有，那麼趕完課的意義是什麼？不就是老師自己安心？因為老師把課教完了，學生考不好，是學生的責任。

所以這套教學法，重點在於「質」，而不在「量」；在於「深度」，而不在於「浮泛」，在於「能力的培養」，而不在於「知識的背誦」。假設這套教學法能讓學生學會自學、閱讀、思考、判斷的能力，那麼即使沒有全部教完課程，學生還是會自己把沒教完的部分自行讀完，為什麼？因為老師只要提供足夠的資料，學生就能自學了！何況這套教學法還提供了討論、發表、合作、競爭等等額外訓練。

再者，要控制進度其實不難，只要控制問題數即可，若時間真的不夠，只要讓學生自學的部分，預先讓學生回家自學即可。真的上不完了，也沒有關係，講義發下去，學生會自學的！

真正驚人的事實是，一開始學生沒有自學、閱讀、思考、討論、表達等等能力，但是經過一段時間訓練之後（正常是三到六個月），學生的閱讀和理解能力會愈來愈快，快到根本不會有進度的問題，反而會變成進度超前，而老師提供的資料太少的問題了。

Q2：如果每一科的老師都翻轉教學，都給學生這麼多的自學講義，那學生是否會沒有足夠時間消化吸收呢？

A：其實我提供的大部分資料都是在課堂研讀，我的想法是儘量能夠在課堂完成，除非是要趕課（因為學生同家人多幾乎沒有多餘的時間可以預習）。另外，不是每一課的補充資料都這麼多，有些課文只有一點點補充，補充資料的多寡必須視課程的重要性及難易度而定。而且研讀資料的時間，並不會很久，一方面是所有資料都剪裁成小單元，一方面則是沒有要學生背誦，重點在思考。

Q3：翻轉課堂中學生自學的引導與情況，是需要重視的，請教您如何在課堂中引導學生從事自學並檢驗其情況呢？

A：好問題！第一，傳統教學壓根不在乎學生學習狀況的，也不知道學生學習狀況如何。第二，學生自學後有小組討論，這個討論非常重要，因為會讓懂的人去教不懂的人，為什麼？因為他們是同一組，分數是綁在一起的。第三，老師要進到各組去參與討論，不斷提供更多問題去詢問學生。第四，老師的引導非常重要，引導技巧和問題的追問也很重要，換言之，老師要轉變的是主持的技巧，這點也是翻轉成敗的關鍵之一。所以，上課時，當學生在自學，我就各組轉啊轉！

Q4：基礎認知的部分是否直接做成講義讓學生自學呢？如何知道認知部分的成果？也是透過討論嗎？

A：在我看來，基礎的認知就算疏漏，也不重要，因為那是最不重要的部分。這一點很多老師都搞不清楚，我也是這幾年才漸漸明白過來。和一個作家討論作品，他不會樂意聽你說：哇，你的作品很棒，用了很多生難字詞、很多修辭、很多文言文！

Q5：因為著重於太多認知部分，所以高層次的思考創造就被忽略了，而文章與文學著重於思考感知而非認知？

A：是的，所以我才說，我們都在「小學而大遺」！

Q6：請問如果班上有一、兩個同學沒辦法融入討論，只是自己找答案，該怎麼辦？

A：請問你用傳統講述時有多少人沒在聽？重點是這兩個同學雖然沒有融入討論，但是他們有自學啊！而且不用太擔心，要給學生一點時間適應。還有不要小看上台發表這件事，他們沒有融入小組討論，並不代表沒有融入大班級的討論（發表和聆聽也是一種討論）。——堅持下去喔！因為這才是對學生真正有利的訓練啊！

Q7：這套教法，我在物理、化學嘗試過，不過都大失敗。唯二成功的例子，是一個建中與成功校排一的學生，最後指考物理、化學，都80幾分到90幾分。林口地區的高中生，反彈很大，我在健行科技大學也試過，結果更是悲慘。閱讀您每天的分享，這套方法可以成功的引導社區高中的學生嗎？如何做？

A：第一，請原諒我不敢越俎代庖，學科不同，我不敢打包票說如何翻轉，就像學校同事到日本觀課，問佐藤學本人，學習共同體可以運用在文學嗎？佐藤學說，他覺得不太能，因為文學是一種美感經驗，很難在學習共同體中實現出來。所以我說，不能把佐藤學的東西照搬來台灣，一定要因地制宜、因時制宜、因校制宜、因學科不同而制宜、因學生程度高低而制宜，甚至也要因老師差異而制宜。我要說的是，佐藤學認為不太能做到的文學，我做到了！而且佐藤學真正影響我的只有觀念，我用自己的經驗打造出完全適合我學生的學思達教學法。

第二、既然您已經實驗過了，可見你是用自己的辦法，我不知道您的辦法為何？也就難以知曉您為何失敗？

第三、我的學思達教學法裡頭有很重要的「自學部分」，既是自學，前提必須是學生自行閱讀就能夠讀懂，所以我提供了大量的補充註釋、翻譯，目的就是讓他們沒有閱讀和理解上的困難。以我奇爛無比的物理和化學學習經驗，要我自學恐怕難度非常高，那麼老師就必須先考慮，我是不是要先教一些東西，再讓學生自學；又或者我是不是要提供更多容易理解的資料，讓學生自學沒有困難……諸如此類的預先考量。

第四，能否在社區高中成功運用呢？好問題。這個問題，台南市新化高中蔡淑諍老師曾來觀過課，並撰寫一篇〈我的學思達教學初體驗〉，詳見本書頁二八三～二九五。

Q8：請教：一是教學前的準備，在分組時有哪些事項要注意？二是教學課程設計，初次嘗試，您建議從哪一類型的課文開始著手較佳？三是課程計畫安排，一課課文老師安排的教學時程是三或四節課？一般課程的進行，老師您是從哪一部分開始進入，方可吸引學生目光？我接著要進行的課目是〈明湖居聽書〉一課，不知老師您有何高見？另外檢附給學生的閱讀資料是課前給？還是課堂一開始給？一人一份或一組一份？問題是否隨資料一併發下去？還有想請教課程收尾部分老師還會親自上陣做總結嗎？

A：先講〈明湖居聽書〉，我個人覺得最重要的是寫作上的細節描寫，要讓學生去感受如何透過具體的形象去描寫抽象的聲音，以及如何透過映襯的寫法去凸顯主角，這些都不要直接告訴學生答案，而是要透過問題去讓學生想出這些答案、或找出、分析這些句子。這就是我所說的以問題為主導的學思達教學法。你要讓學生懂什麼，就提供問題去讓他們思索。

至於分組的注意事項，請參考本書第十六章〈4款計分法，上課high到翻〉（頁二三九～二四八），提供更詳盡的解說。

另外，每一種課文都可以翻轉，我覺得從白話課文切入最好，因為學生自己都可以自學讀得懂，你只要提供好問題讓他們深入思考即可。問題必須放在資料最前面，資料連同問題一起在課前提供給學生，資料可在課堂上研讀，也可以讓學生課前先在家研讀。資料是每人各一份。更多講義，請參考「學思達教學法」平台。

老師一定要總結！這點很重要，因為還要給學生完整的概念和正確的答案。老師只要講最精華之處，並由此延伸出來的人生觀、社會觀察、價值觀、實學、思想等等即可。不久你就會發現，這樣教書才是真正在「傳道、授業、解惑」喔！

Q9：輝誠老師：謝謝您的推薦，《青春第二課》真是一本好書。我看完了之後很喜歡，覺得好適合學生看，於是訂了全班的量，送給導師班（國三生）學生一人一本。星期二書剛來，同學們看得津津有味，連上完課的休息時間都主動拿起來閱讀（以前大多是聊天或趴著休息）。看到這樣的畫面，嘴角不禁上揚，覺得這筆錢花得好值得！

我訂這本書最大的目的其實是品格陶冶、生命態度的部分，再來是擴充學生的視野。很多青春的問題，學生也許能在這些名人故事裡找到答案。再其次才是寫作的部分。因此，我的方式是每天一上課先讀一篇，引導學生擷取訊息、思考本篇想傳達的意涵，最後再詢問他們這個故事可以使用在哪一類的作文題材。

目前學生滿投入的，但我想請老師能否給我一些建議？

1.今天已經有同學整本快看完了，所以一開始班級共讀的時候，因為已經是他讀過的篇章，所以不是很專心。請問這種情形該怎麼辦呢？現在只有一兩個，但隨著自己讀完的人愈來愈多，應該會更嚴重吧？

2.因為怕操之過急，打壞學生的閱讀胃口（學生超怕我叫他們寫心得），所以目前先口頭提問，讓他們思考可使用的作文題材。但如果每節課都要回答類似的問題，不知會不會彈性疲乏？如果之後想更善用這本書，可以怎麼做呢？

A：第一，老師的引導非常重要，每一課都是一個引導，學生看完未必能懂得老師延伸出去的引導。另外，如果遇到畫家，開網路給他們看那位畫家的作品，解釋一下，這是美感教育。

第二、看完的學生，讓他去連結其他例子（這是進階練習），例如有沒有相似、相同的例子，甚至相反的例子！這可訓練他們親自動手尋找資料、整理資料、排列資料，同時又讓他有動手機會！

第三，讓學生練習縮寫文章內容，詳細做法請參考本書第十章〈7範例　運用縮寫法寫好文〉（頁一三四～一四四）。

第四，邀請文章中的主人翁到課堂上為學生演講，如何辦到，上Youtube找這些主要的演講或介紹影片。

Q10：在高三實施學思達，但效果不彰，打算結束實驗。下次該怎麼開始比較好？

A：學思達原本就需要有一段時間（一到三個月）讓學生適應，甚至慢慢培養出自學、思考、表達的能力。學思達一開始確實會有進度壓力（但學生學思達能力成熟之後就不會有進度壓力了），一開始也容易出現反彈（畢竟填鴨太久了），尤其是高三，因為學生大考在即，又還沒有培養出自學、思考、表達能力，貿然就全面學思達，學生很容易就陷入焦慮狀態！

這時候該怎麼辦？有一個簡單法子可用，先給一點小翻轉即可，暫時不用全翻轉。每天拿大考的非選一和非選二題目，直接問學生，完全以問答題為導向，讓學生試著用口頭回答，老師再口頭調整答案。老師可以先試試這個，學生應該不會反彈，從這裡入手，很容易就看到效果，不用急著全然在高三放棄學思達。宜蘭高中吳勇宏老師一開始就是從高三直接入手、直接成功並開放教室喔！

教師專業

Q11：有學生說，老師都沒在講課，為什麼還能領薪水？

A：第一，老師沒有不上課，只是專講最重要的東西和學生自學不懂之處。第二，這句話是玩笑話呢？還是正經話？若是玩笑話，且一笑置之，自是無妨。若是正經話，還要追問：是一個人意見？還是少數人意見？甚至是多數人意見？若是一個人意見，一個人意見就能輕易動搖了老師的意志與信心？如果是少數人，人數是多少？為何會形成這種觀念？如果是多數人，就更要追問何以如此了。

我以自己為例，我每一屆學生快畢業時，我會在交出所有成績之後，讓學生寫這兩年或三年對老師教學、班級經營的優點和缺點，我告訴學生，寫優點是希望可以繼續保存，寫缺點是老師希望將來可以改進、不要重蹈覆轍，讓下一屆的學妹們享受更好的教學與班級經營品質。結果——每一屆我看這些回饋單，沒有一次例外，都要難過、沮喪至少一個星期到一個月，甚至還想辭職算了，因為我居然做出這麼多蠢事？

容我舉一個例子，從前檢討考卷時，有時隨口會說：「這一題不是教過了嗎？」有個學生就寫：「老師不要再說這句話了，你知道這句話很傷人嗎！教過有什麼了不起！教過不會忘嗎？如果我們教過就不會忘，還需要考試嗎？還需要你嗎？」——從此之後我就不再說這句話了，甚至把這句話當成笑柄講給學生聽，結果學生聽了之後就說：「老師，你趕緊跟某某老師說，他也這樣！」聽學生這樣講，能不心驚嗎？

我也曾經因為生氣失言，課堂上說錯了一些話，有三、四個學生寫這樣很不妥。我也可以做到當著快畢業的學生，公開鞠躬道歉，承認自己錯誤——為什麼我要這樣對自己殘忍，因為我相信，唯有這樣，我的教學與班級經營的品質才會精益求精！其實，讓學生寫這些，目的是要讓學生幫你改善教學，不是秋後算帳，大多數學生就會很公允、真誠地寫給你看。

我說這些，目的是想讓大家了解，哪怕我辛苦熬夜作四十篇講義給學生，和學生討論，大多數學生會充滿感激，但還是有一位學生寫下「上得很無聊」，她也和我很要好，她只是真誠地表達意見。從她的意見，我得到一個很重要的啟示，老師不可能討好所有學生，也沒有必要討好所有學生，但是不討好的過程，必須找到自我信心和意志，相信我這樣做是真的對學生長久有利的。

我這麼多年來堅持的東西，也不是學生、家長一下子都能理解，我還不是堅持到現在，不曾動搖。

第三，課堂上的翻轉，大多數學生都還是能感受到老師課前的付出。翻轉教材比傳統教材付出的時間多得多哩！

第四，學生已經習慣了傳統講述法，對於他們不熟悉的翻轉教學法，自然會有陌生感、懷疑，甚至排斥。老師的信心要強，翻轉教學技巧也要不斷精進才行。觀課的老師會觀察到，我簡直是唱作俱佳，為什麼？因為傳統教學法把太多時間耗去講解基礎認知，一旦這個都不用講，我除了講嚴肅的傳道之外，唱作俱佳的補充就顯得重要極了。我說過了，它會讓課堂充滿起伏變化的節奏感。

第五，我已經這樣堅持十七年了，各式各樣在不同地方的實驗也做了十七年，有些核心價值，是我十七年來一直保持不變的東西，時間只是一直證明，我堅持的是對了，也就讓我信心愈來愈強。

Q12：我問建中三位前來觀課的英文老師（其中一位老師已經嘗試在翻轉）：「你們教的學生是全台灣最菁英的學生，你們有把握經過你們調教，他們能夠更菁英、更脫胎換骨嗎？」「你們的學生將來功成名就，他們還會感激你，覺得求學路上還好有遇見你，深受影響？」如果沒有，原本的教學難道沒有出問題嗎？

A：我要告訴大家的是，不要以為在明星高中教書很容易，你能不能對學生產生影響，決定了將來學生畢業之後還會不會尊敬你；也不要以為得天下英才而教之，多麼幸福，那只代表著老師承受著更大的壓力和栽培學生的重責大任而已。假設你得天下英才而教之，英才上課不理你、睡死一片，甚至瞧不起你，我請問你的幸福在哪裡？

學校行政

Q13：我也想推行「學思達」，可是學校資源少、行政也不主動支持，怎麼辦？

A：只要學生支持你改變，就夠了。重點其實不在於有沒有人支持你，我做了十七年，一開始也是備受批評、遭受質疑，一路顛簸前進的。我心酸、沮喪、難過的時候也沒有人看見啊。十幾年來，我不也是一個人走到現在？

真正能改變教學現場的是老師。為什麼學思達重視開放教室，因為眼見為憑！開放教室就等於告訴其他老師：這不是口號，是真正可以做到。只是學思達、翻轉教室現在看起來好像很熱鬧，但很多人其實不知道那是什麼，甚至也覺得跟他無關，就是個熱鬧的詞。所以如果我們一下就要進到第二步，想影響校長、影響家長，那就危險了，因為外圍的力量壓迫他們，他們自然會強力反彈，那可不是一個好的狀態。

這就像很多人知道我在做翻轉教學，他會直覺拋出問題：「那你們中山女高有多少老師在翻轉？」我當時的策略很簡單，我要透過外圍力量來包圍中山。為什麼要這樣？因為真正有概念，會想要改變的，很有可能不到一〇%，他們很有自覺，對教書有熱忱，感到挫折，想要改變，想要突破。

有個校長曾給我個數據，他說：「輝誠老師，你這樣一直講一直講，每場到處講，全台灣有十六萬個老師欸，你要講到什麼時候？」我就想，十六萬，那三十個人一場……我講到喉嚨長繭也講不完啊。後來我就分頭進擊，在Youtube上傳影片，這是一條路；我在網路上寫文章搭平台是一條路；我到處演講，又是一條路。這三條路要一直不斷的往前。現在又有一條路出來，因為很多老師一起幫忙講。所以現在談學校資源少，行政不主動支持，在我看來都還不是很重要，為什麼？因為我們那個量還沒出來，一旦這個量出來，就不太會有這個問題。

如何突破這關？其實也很簡單。現在學思達已經建置一個平台，有自己的社群，任何問題都可以在平台上發問，老師們就會互相支援，提供建議，我覺得這個狀態是最好的，因為我不可能有那麼多分身，可是每個老師都變成學思達的引導者，他既然可以引導學生，必然也可以引導老師，不斷的相互提攜。其實，我一開始沒有預料到會有這個迷人的狀態，當它出現的時候，我一直很感動，後來終於搞清楚，原來這是個良性的、相互激勵、成長的過程。

家庭資源

Q14：父母也能在家「學思達」嗎？

A：我跟兒子講了半年的床邊故事《西遊記》。有一天，我老婆要我跟兒子學思達一下，於是就問了他《西遊記》的主角，結果發現他忘了「豬八戒」這號人物。都講了半年的故事，他連主角都記不牢，這就是填鴨教育的結果。後來我就一直問他問題，問到都該睡覺了，結果他竟然興奮到睡不著，可見提問的重要。

當小孩開始理解、認識這個世界時，充滿著問題。他一直問、一直問……問到了國小後，就再也不問問題。因為，老師叫學生閉嘴，一直告訴答案，這是我們對小孩最大的傷害。那家長，如何在家裡完成翻轉教育？

很簡單，當你的小孩開始一直問問題時，不要那麼快告訴他答案。試著帶著他找答案，找你們家所有找得到的資料，或是不斷再反問他問題，這個過程其實是翻轉的原形。

我印象很深刻，小時候曾經問我哥一個問題：「為什麼我們家沒錢？不能自己印鈔票？」我一直問，一直問到最後，就會回到知識的根源。

所以，家長不應該隨時告訴小孩答案，而是陪伴著他一起思索，讓他用自己的能力去找到答案。一個敏銳的家長，應該是當孩子找出答案時，你可以再問：「那有沒有其他的看法？」這樣就變成學問了。當我們太強調速度、強調效率，最快的方法就是直接告訴孩子答案，但同時也破壞他各種能力的養成。

15 施打學思達教學預防針

夥伴助攻——3方式

學思達第一堂課非常重要。工欲善其事，必先利其器，提供下列三種方式，幫助老師輕鬆展開第一步。一、讓學生看學思達PPT簡介影片，同時進行說明（高中老師範例）；二、寫信給家長（國小、國中老師範例，內容非常精采、動人）；三、直接對學生說明（高中、大學老師範例）

方式1　向學生簡介學思達ＰＰＴ影片並說明

https://www.youtube.com/watch?v=JGV-VE4tYZk

宜蘭高中吳勇宏老師：

提供一點小小看法，給許多即將翻轉的老師。在開始翻轉前，可以花一節課先向學生說明教學上即將有的改變，為何要改變？以及你觀課中所獲得的感動與省思。藉由與學生對話，讓他感受您的用心，了解這改變不只是為了考試分數，而是他的能力與未來，讓他懂老師為何要改變。然後在課程進行中也常抓住機會鼓勵學生，並再次廣告，給學生一分鐘，想一想改變教學後自己的改變，不斷地利用鼓勵與廣告來催眠學生，幫助學生自然而然地進入改變中，建立起師生對話交流，既達到教學目的，也進行班級經營，便可事半功倍。

學思達不是只有訓練學生，老師也需要學思達，學是學習教學操作的基本原理。思則是思考如何運用於自己課堂，其中會有自己本身能力，學生程度等因素，做出適合講義。達則是創造，要能運用，即是想出機制運用與解決問題。老師希望學生主動，老師便要更主動，才能走在前方，扮演好引導者的角色。

方式2　寫信給家長

小學篇：遲來的一封信

彰化大竹國小謝湞婷老師

各位家長：您們好！

一封早該發下的信，卻延宕至今才發回，還請各位見諒。

今年暑假，我一直在思索，未來的一年，我要如何培養604的寶貝們，擁有帶得走的能力？為了尋找答案，我參加不少研習，加入許多專業社群。透過研習，省思改進教學；參與社群，進行線上自學，還進一步與同事進行多天的自主備課。我深深醒悟，邁入第十九年教學生涯的我，若不改變，不突破，對這群寶貝們來說，可謂是一種慢性戕害。戕害什麼？戕害他們的自學力。

曾經在網路看過一句話「知識，教了，不一定會；不教，也未必不會。」這句話印證了「自學」動機強的學生，學習成就相對的穩定與優異，為何我會如此果斷？因為帶了五屆高年級學生，無一例外。高年級課程難度提高，學生的學習興趣卻呈反比，為什麼？因為他們的思考力，自學力被箝制太久了，以至於不得不自廢武功。學生常說：這題老師沒有教，所以我不會寫。我在班上常對學生說：如果每一道題目都要老師教過你才會寫，那我們師生鐵定爆肝，因為上課時數要無限延長。

我必須向各位家長承認，以前中規中矩的教學法真的錯了，沒有以理解為前題的精熟練習教法，只是為了對家長有交代，而自我安慰和脫罪藉口便是：這些月考考題，平常練習卷、作業練習簿和考前複習卷上都有，學生不會，是他自己不用功。然而，學生的學習困境，豈能以此藉口草草帶過？研究所一位教授這麼說：一個學生學不會，不是老師的錯，但一個老師若沒用超過29（法定班級學生數）種方法來教學生，那這絕對是老師的錯。或許這句話嚴苛了些，但著實讓我醍醐灌頂，我問自己：最多用幾種方法，來教學生？一種、兩種、三種、四種，最多不超過五種，我都放棄了，學生不放棄才怪。

但有一種教法，絕對適用604每個寶貝，那就是教他們思考。時光倒流，憶及一年前504的親師座談會，我對與會的各位這麼說：這一屆，我打算改變國語和數學科教法，因為我深信，教會學生思考，比要求學生反覆練習重要。國語科在兩位優秀夥伴——乃華老師和鳳貞老師協助帶領下，訓練學生進行高層次思考與理解。數學科則進行數學日記寫作，希望學生每天都能透過寫作的過程，進行複習、反思與自我監控。一年過去了，感謝家長的支持與配合，一年下來，604的寶貝們，有了基本功，但教學拼圖缺了一塊的感覺，卻常縈繞心頭。我自問：到底缺了哪一塊？今年暑假我終於找到這塊拼圖了，是哪一塊呢？是「學思達」。

什麼是「學思達」？就是希望透過學生自「學」、「思」考、表「達」，來翻轉傳統老師單方面講述的僵化教學方式，讓學生重新掌握學習主動權，讓學習效果加倍、讓學習熱情重現、讓學習內容學得又深、又廣、又好。「自學、思考、表達」，是學生面對未來社會必備的關鍵能力，相信各位家長一定認同這個說法。在過去一年，604的寶貝們已練了「思考」的基本功，當然這學期得持續練功，除此之外，培養他們「自學」與「表達」，將是我未來一年的教學重點，然而若沒有各位家長的支持與配合，這樣的教學改變注定失敗。所以，在此懇請各位，請給寶貝們全力的支持與絕不心軟的要求，為了他們的將來，我們一定要攜手共築「親師生學習金三角」。以下便是我未來一年在604課堂進行的改變。

首先是國語科，除了原本的思考力培養以外，「寫作表達」是我要進行的另一個教學重點，良好的寫作表達力，將會提升學生的競爭優勢。因此，我取消了查字典作業，只保留圈詞作業（希望期中之後也能取消），而為了讓學生有充裕的寫作時間，又不會增加其寫作業的負荷，這學期的「國語練習簿」將不再統一指派當回家功課，只會擷取重點內容進行全班討論，若家長不放心，想讓貴子弟全本習寫，我將提供解答本讓您印製，以利核對與訂正。

再來是數學科，除了原本的數學日記外，「學生自學」是我要推動的另一個教學主軸。因此我導入了完全免費的「均一教育平台」，在這個平台上，有搭配我們數學版本的教學影片，讓學生依照自己的步調和進度，觀看教學影片，重點是學生可以反覆觀看和聆聽講解，補足課堂上遺漏的課程概念。我已在開學日當天，幫學生建置進入該平台的帳號，只要有電腦和網路，學生都可以進行自主學習，而我也可以在平台上監測他們的學習進度。所以，希望各位家長能讓貴子弟在家上網自學，若家中真的無法提供孩子上網學習，您也毋需擔心，學校會提供平板，讓孩子利用早自修或課餘時間，觀看影片自學。這樣的改變，最重要的是，貴子弟務必先看過教學影片，因為今後我的教學方法不再是單一的講述法，而是著重在探究式教學法，在課堂上進行學生迷思概念的澄清，若學生無法先觀看教學影片，將很難融入課堂，學習效果勢必大打折扣。此外，這學期「數學作業簿」也和國語一樣，不再統一指派當回家功課，只會擷取重點概念題目，進行全班討論與教學，若家長不放心，想讓貴子弟全本習寫，我亦將提供解答本讓您印製，以利核對與訂正。

最後是品格教育，為了培養學生的感恩心，揚昇品格素養、增進服務學習的知識及養成理財記帳的習慣。並且讓學生透過活動體會「一分耕耘、一分收穫」的道理。(詳細內容可上網搜尋「感恩聯絡簿」)本學期向感恩基金會申請感恩聯絡簿，希望透過各項積點活動，形塑學生良好的生活習慣與品格，詳細積點項目，已張貼在聯絡簿，請家長參閱，也希望您能一起督促貴子弟努力達成每日積點目標。另外，五年級時向伊甸基金會申請了「愛心麵包撲滿」，這學期也送達，希望每個學生量力而為，進行捐款，活動結束後，學生的愛心捐款也將隨著撲滿，全數捐給伊甸基金會，讓「幫助弱勢」不再只是個口號。

感恩您耐心地將此封冗長的信看完，有關上述課程教學方法的改變，若有任何疑義，歡迎各位家長與我聯絡。謹此

順頌　時祺

604
導師 謝淯婷

中學篇：國文老師給新生家長的一封信

高雄市福山國中黃尹歆老師

各位家長好：

很榮幸擔任貴子弟國一國文的任課教師，未來一年，貴子弟在國文科方面的學習，希望能有您鼎力的支持，孩子在國中的初始階段就會有好的開始，以下概略說明國文科相關的學習方式：

1. 上課方式：減少傳統講述式的填鴨教學，以「學思達」教學法為主，所謂的「學思達」即在培養學生「自學、思考與表達」的能力。（您若想了解，可上網搜尋自學，關鍵字為「學思達」或「張輝誠老師」）

2. 為了實施「學思達教學法」，老師自編教材才能引領學生做高層次的思考與討論，所以有關講義與考卷的印製費必然增加，尚請家長包涵。（平時卷不訂坊間成卷，故也算在影印費裡，其他坊間現成講義、自修請自行斟酌購置。）

3. 閱讀與寫作的材料以《青春第二課》一書為延伸教材，其內容談的是「全世界古往今來傑出人士青春時期的迷惘與成長經驗」，作者王溢嘉說：「只有青春能啟發青春，也只有青春能說服青春。」希望利用一年國文課堂上的閱讀，陪伴貴子弟度過騷動叛逆的青春，更希望能在教學上增加貴子弟閱讀與寫作的能力。（書已向野鵝出版社以六五折購買，若您預算有限，亦可向敝人長期借閱。）

4. 請協助貴子弟下載免費的 X-mind 軟體（95.9MB），「心智圖」是利用圖像式思考來表達思維的工具，有助於學習上的統整與記憶，國文課會常常需要貴子弟在家預習、複習課程內容時繪製「心智圖」，寫作課時更是腦力激盪最好的媒介，若無電腦可用，手繪亦可，雖然速度比較慢，卻隨手可畫、原創性亦高，經常有令人驚豔的佳作產生。

以上為國文科課程內容說明，有任何疑問歡迎與我聯絡。

敬祝　闔家平安！

方式3 直接對學生說明

高中篇：彰化高中徐慶齡老師經驗分享

翻轉第一週，我設定在學思達洗腦週，但是我沒有花一節課來專講學思達（因為自己覺得這樣不就是講述舊招，哈哈）所以是以活動開場，然後告訴學生，這就是學思達的基本運作。接下來一週，每節課都花一點點時間，跟學生提到：我要給你帶得走的能力，所以希望你知道自學是什麼……學思達不是我發明的，在外面已經很多人在做了，你跟不上，你輸在哪裡都不知道（輝誠案：這會不會太波兒棒了啊，還有下面的遊說語，實在太驚人了！我要是學生，馬上迫不及待要學思達！），我不要你只聽我講，因為你可能比我會講、比我優秀……反正，就是一連串分散式的洗腦啦。——哈哈！一週後，學生自己自然會愛上學思達，就不必太多贅述啦。不管方法為何，我覺得是要跟學生講的啦，要學生知道你要帶他們去哪裡，然後我們就像是導遊，一路洗腦客人買名產啦，哈哈。

高中篇：台東羅勝吉老師的化學課第一堂課

與大家分享今天第一天開始上課（高二化學）後的一些心得：

【一】我簡單介紹這個學期我們將要採用新的教學法後，就給學生看學思達教學法簡介影片（約十分鐘）。

看的過程中，學生並不是很專心！可見即使張輝誠老師講得很好，也無法吸引學生的興趣。唯有實際的提供學生進行「學、思、達」，才能使學生樂意留在學習行列。

【二】接著我們花一些時間進行分組，我採用的是林淑媛老師的合作學習分組方式。

【三】我對學生說，「我絕不是在呼口號！」（喊爽的！）

我再說，我們都在學習，我深切期望在未來的一個學期，「合作完成」、「閱讀、思考、表達、合作」、「樂意留在學習行列」，這些都可以很具體的在我們班上被觀察到！

【四】最後，我們進行學思達教學活動。引導式問題講義內容如下，主要是幫助學生複習「原子的電子排列規則」，以接續學習高二化學中的「八隅體規則」。

一、原子的電子排列規則：

- 何謂電子殼層？
- 何謂電子能階？
- 說出原子中電子的排列規則。

二、價電子：

- 何謂價殼層？
- 何謂價電子
- 說出價電子與化性的關係。

三、八隅體規則：

- 寫出第一至第三週期的惰性氣體的電子排列情形。
- 為何惰性氣體特別穩定？
- 其他元素在產生化學反應時，其電子排列有何變化趨勢？

大學篇：我的「學思達」

台北大學中文系袁光儀老師

（輝誠案：學思達如何在大學落實？這不是口號，而是早已成功的結果。我在大學兼課多年，從空中大學到世新大學，再到我的母校台師大，每所學校少則兩三年，多則四五年，學思達有很多成果都是我在大學實驗成功之後，再把成功的經驗複製到高中現場。台北大學袁光儀老師，是師大博士班學姊，上學期她開始採用學思達上課，她寫了一篇很長的心得，非常精采（原文在此：http://blog.xuite.net/typ1592005/wretch/300915279），摘錄重點於下。我想說的是：大學生更應該受到良好的教育內容與品質啊！）

一、我為什麼要採用「學思達」教學法

其實大家看了張輝誠老師的文章就知道學思達的好處了，所以簡單來說：「好的東西當然要用」，還需要解釋嗎？但如張老師所言：學思達教學法的成敗關鍵，就在於「事先

分組」（即規則設計）、「課前講義製作」以及「老師引導」這三件事上。這三件事較之傳統的講授法，對老師的教學負擔，只有更麻煩、更沉重，而不會更簡單。光說講義一項，張老師教高中只要準備一科國文，每課講義都要爆肝製作了，而我這學期有五門課（南轅北轍的外系大一國文、國學導讀、國文教材教法、中國思想史、宋明理學），我可沒有五個肝可爆（而且我同時還有另一條也須爆肝、名為「研究」的不歸路要走），更何況我先天不足又後天失調，完全不具備「成功人士」的體質，套句我女兒的話就是「睡得比別人多，精神還比別人差」。若是睡眠不足，「老師引導」這項鐵定也會亂七八糟，不知所云。因此，對於張老師的活力十足，我也只能五體投地地拜服，完全無力效法。

簡言之，我無法複製張老師的學思達。但聽了張老師的教學法，便要馬上嘗試，一口氣改變每個科目的教學模式，採用學思達——讓同學「自學」、「思考」、「表達」，主要是因為，它確實為我長年思考的問題，找到一個具體可行的解決方法。

我想解決的問題，簡單來說就是一句話：如何讓同學認清「讀書本來就是自己的事」。「國文」這個科目，所謂的人文素養，其實最基本的就是「自覺」，最需要養成的，就是體認一種「為己之學」的生命態度。對外系生而言，大一國文已是他一生最後一年的國文課，若再無法去自覺地「自主學習」，日後他的人文素養不但極可能停滯，而且是「不進則退」；而對中文人而言，中文領域原本就浩瀚如海，課堂上老師給再多都嫌太少，若不能自主學習，四年下來所得，將連「皮毛」也談不上。但用講授的方式，要讓每個學生認知並實踐「自主學習」，便始終是知易行難。（說真的，我以前讀國文都是自動自發的，老師教得好不好根本不是重點。——當然，我衷心感謝曾遇過的許多好老師，但「好老師」其實有很多種，在我那個年代，注重「教學方法」的好老師，確實不太多。因為老師們自己都是苦讀出身，只要老師給他一部經典讓他自學，就是他終身感念的好老師了，誰需要在乎教學方法？）

正因為我認為讀書完全要靠自己「自覺」，所以身為老師，我所能做的，只是努力提供「值得讀」的教材，拋出「值得思考」的問題給人家而已。但即使每年能遇到一些窩心的學生，願意讀、願意想，甚至不只默默的，還有人願意大方地給我一些令人感動的回饋

（其實也不是真的多大方，大多還是教學評鑑時的匿名填寫），證明我的教學確實讓他（她）感到受用，卻還是無法避免一個血淋淋的事實：每次期中期末考，多少都會看到一些讓人搖頭甚至傻眼的答卷。本來考試的目的，便是督促大家必須讀、必須想，但往往結果就證明了，不少人讀不夠也想不夠，沒讀懂也不會問；還有人是根本沒有讀也沒有想，或者更糟的，誤讀誤解，亂想一通，還自以為是。但我不可能針對那些被誤讀誤解的部分再重新講解，除了時間因素外，更根本的原因在於，會聽我講解的，總是那些本來就沒有誤讀誤解的人，他們不必重聽一次（雖然再聽一次可能有新的啟發，但我相信，他以此學習精神，很多道理不必我說，可以等他自己慢慢體悟發現）；而真正需要聽的人，可能依舊恍神、瞌睡，或根本沒出席……

因此，「予欲無言！」多說無益，用張老師的方法，直接讓能讀能想的同學發表，讓原本不願讀不願想的同學聽聽，「平平是同學」（台語），有人可以對經典有這樣相應且深入的理解，比起老師說的，應更有說服力；就算有些誤讀誤解，課堂上發現就可以直接澄清，甚至不用老師糾正，聽聽其他同學的意見，彼此討論辯證，遠比老師的說教，更能令他心服口服。

「讀書是自己的事」，這一簡單的道理，用講述法永遠只能啟發部分同學，但透過學思達，就讓所有同學直接落實於實踐。

不過，無法完全採用張老師的做法，除了前述的困難之外，當然還有一些大學與中學的差異，需做思考調整，此外，還基於某些與張老師不甚相同的經驗，因此思考的角度也有所不同，也想跟大家分享。

二、我的「猜謎」經驗

……雖然依張老師的理念，確實可以在課堂上看到同學努力思考、樂於求知的模樣，真的很迷人，但我覺得還是要看情況，有時不見得不能告訴同學答案。張老師訓練高中階段的學生，或許所討論的問題，都是同學應該要能靠自己力量找到答案的，但到了大學階段，我想給大家思考的問題，有時是需要花一輩子去找答案，而且你每個階段給自己的答案或許也會不一樣。照理說，像這種看似沒有標準答案的問題，更該讓你們自己去思辨，我也不應該給你們答案，但有件事也許是你們所不知道、也沒想過的：我們所有的那些生命問題，古聖先賢在歷經自我生命不斷超越辯證之後，其實都已找到了明確的答案，但這種答案，是年輕的我們自己想也想不到、就算老師告訴了答案，也還未必能夠理解、甚至也會有所懷疑的（就如那些先哲的生命也要歷經矛盾曲折的過程，才能有明確的答案一樣，當我們「時候未到」，那些答案也無法解決我們當下的問題，我們自然也無法體認它的「正確性」）。然而，即使當下的我們不理解他的「答案」，甚至也還沒遇到他的「答案」所對應的生命問題，但一個經得起時代考驗的先哲先賢，他所思考的問題，絕對是有「普遍性」意義的問題；而他所給的答案，也絕對有讓我們放在心中，反覆思索的價值。若能及早認識它們，站在巨人的肩膀上，便能讓我們看得更遠，因而能夠少走一些冤枉路。

……總之，因為老師給你們的問題有些可能很難，也許離你們當下所關切的事物很遠，無法強求你們在短暫時間內想到，所以有時我可能不排除給你們一些「參考答案」，然後再引導你們，試著把這看似距離遙遠、毫無關聯的「問題」與「答案」聯結起來。其實，連不起來也是正常的，可以放在心裡慢慢醞釀，沒有關係；但如果有同學能對於當中的關聯與意義有所意識與體會，那就十分難能可貴了，而這樣有「慧根」的同學，不早點讓你接觸、思考這些問題，又豈不是太浪費了嗎！

三、我的教學理念

雖然我先從「老師可能提供答案」來談，而且把那些「古聖先賢」的答案講得十分偉大；但我還想跟你們分享另一個看似相反的態度，就是：很多時候，答案其實一點也不重要。就算是我前面說的那些先哲的答案，是顛撲不破的真理，也是我很想介紹你們認識了解的東西，但如果你就是不能理解，有關係嗎？其實真的沒關係。有關係的是，如果面對未知，我們沒有一點好奇；面對前人既有的文化與智慧，我們不能保持一種虛心謙卑，不能欣賞、沒有尊重，這樣一種自我封閉固著的心態，這才是我們所要極力避免的。

所以，真正重要的，是我們能夠對「未知」保持好奇、保持謙卑；對「求知」保有熱誠，永不自滿，並且能夠感受求知過程的趣味，甚至能夠樂在其中。只要能保持開放的心胸，對任何不管是熟悉或陌生的知識，都能不抱持成見，不自我設限，願意去嘗試了解，這樣就夠了。至於那些「問題」與「答案」本身，不管是什麼內容，最多都只有「相對的」重要，而沒有絕對的重要。尤其在這資訊爆炸、專業分工日趨嚴密的社會，我們的未知永遠比所知的多太多，任何人都不可能知道所有的知識，所以，對於知識，也不必無窮追索。

16 上課high到翻

4款計分法

輝誠案：有些國中老師來觀課後，發現國中教學現場並不適合「常態分組」和「默默評分」兩種評分法，於是郭進成老師分享了「大聯盟球團選秀分組法」和「海螺圖計分法」，還有蔡宜岑老師分享「撲克牌計分法」，受到國中老師的熱烈使用、備受好評。（請注意看，這就是學思達的好處，老師開始分享彼此的資源與本領。）以下即介紹四種分組法，供大家參考：

郭進成〈大聯盟球團選秀分組法〉

一、何謂大聯盟球團選秀制呢？

a、教師先依學生段考成績高低，分成四批人馬。

b、由成績最不理想的學生當組長，也就是「球隊經理」，由他負責第一輪的選秀：挑成績最好的一位同學當他的學習夥伴（組員），同時我還規定只能選異性來當教練，這是希望藉由性別的異質讓學生在討論時能較投入課程內容。這時，教師的話術很關鍵唷。要好好引導這些學生，不妨說這是為了讓我們的球技（學習）更精進！

c、之後再由成績最佳的這位組員進行第二輪選秀，避免所有選秀責任都在組長身上，可免除組長過大壓力。

d、沒被選上的最後一組人馬，則是由他們自行選擇要加入哪一個小組。避免沒被選上的這些學生產生負面感受。

因為按照以往觀念似乎是各組選剩的，為了打破這種負面的感受，不再讓他們被挑選，反而是讓他們自己選擇要加入哪一組，即化被動為主動。舉例來說，陳小謀成績最不理想，陳小謀成為第一組的組長。他選了王圓圓當學伴（教練）。王圓圓後來選了張小傑加入該組。最後還沒被選上的李斯斯決定加入陳小謀的組別。

四人黃金團隊組合完成，共二男二女。

組員依成績可分成：

經理（學科成績最差），也就是各組組長，由他先選出教練，例如陳小謀選王圓圓。

教練（學科成績最優），再由教練選出助教一名，王圓圓選張小傑。

助教（學科成績中等），助教共兩位，一位由教練選出，另一位則由他自己決定加入哪一組，李斯斯決定加入第一組。

這樣的分組再加上適當的小組競賽機制，至少有二個好處：

一、戰力平均。教練和經理坐一起，且兩人是異性（男教女或女教男），教練有能力教經理。另二位助教可以自學或互學。

二、維持鬥志。教練比較有學習意願，所以他們在，可以維持各組向上學習的鬥志。

一路走來，發現問題與解決真的是隨著教學的困頓而尋求解套。如現不是因為施行「學習共同體」，碰到分組的困難，我不會遇到學思達，當然也就不會有問題，而教學現場沒有任何問題，恐怕才是最大的問題吧？

就是因為進行學習共同體和學思達教學的改變，我的教學才會產生一個又一個大大小小的問題或困難點，但我在乎學生的學習，我也能學習，所以透過許多老師的回應，我也慢慢找到了愈來愈多的資源，來協助自己解決問題。

（輝誠案：分組的原則在於，每組最好都有上中下程度的學生，成績綁在一起，程度好的學生可以教別人，一方面上課有事做不會無聊，另一方面又可以產生最高的學習效果；程度不好的學生上課不會無助，可以得到幫助。程度好的學生以前都用高成就來當做打敗同學的工具，現在高成就卻可以拿來當作幫助同學的工具。同學之間，付出和關懷，愛與被愛，會奇妙地出現在教室當中，學生之間的感情會變得非常好！）

二、分組的組員身分名稱，「經理」、「教練」、「助教」。可以由老師自由設計，有的老師改成「球隊老闆」（只有打球能力差）、「明星球員」（當紅炸子雞）、「教練」（曾經是明星），歷史科則是「小皇帝、太后、丞相、大臣」，可以隨著科別特徵或學生喜愛而自由命名。

郭進成〈海螺計分表操作法〉

各位要如何稱呼這張圖表：蝸牛計分表？螺旋計分表？都可以。我不是原創者。我只是分享者。

進行分組合作學習（學習共同體／學思達教學）時，有段時間，我採取了輝誠老師分享的小組互評機制。效果還不錯。各組學生比較能專心聆聽別人的發言。

但是教師設計的題目不是每題都適合互評，因為有些題目屬於具體問題（基礎題），答案輕易可辨，這類的問題對於學生的基礎學習雖說重要，但或許不太適合互評。比較適合小組互評的題目，應該是核心問題或單元問題。而一

開始，社會科每節課如果老師能設計出一題核心問題讓學生思考，應該就很不錯了。加上課堂時間的限制，如果每個問題不分類別都讓學生互評，也挺花時間的。

所以我決定混合運用小組互評機制（核心問題或單元問題，由各組學生來互評）與海螺計分表（具體問題與單元問題，主要由教師來加分），來引導學生投入小組合作學習與聆聽。也就是每節一上課，每組都會從五分開始起跑。

為何要讓每組學生從五分開始起跑呢？除了保有扣分的空間外，其實是為了好好鼓勵學生。你看看，才剛開始上課，就直接加五分。之後教師看哪組迅速準備好上課狀態、小組討論氛圍最迷人、搶答最積極、聆聽最專注等等各種值得加分的情況，就隨時可以再加分，增加學生抵達目標的機會，因為我告訴學生只要小組抵達終點的話，該組還可以獲得一份小禮物，真的很小很小唷，這時教師只要再加點創意或幽默感來提供禮物，可以讓學生更期待、也更開心。有時不是禮物的價值，而是它的意義。

其次結合大聯盟選秀制分組法。儘量將光環留給經理／組長。我會提醒各組學生說，如果是組長回答而且答對的話，分數加三分，如果其他人答對，分數沒那麼多。換言之，各組的教練如果想讓小組成績好，最有效率的做法是教會組長來搶分。

一開始使用海螺計分表時，總覺得學生會不會嫌太幼稚呢？沒想到，效果是有的。而且還很明顯。可能因為小組互評，學生無法在第一時間看見小組的表現到底如何，有點無感。但加上海螺計分表後，教師可靈活運用它來營造小組合作表現、討論、發表等等。

最重要的是教師要以加分為主，扣分為輔。我有時會用扣分，雖然會有效果，但其實對學生的學習氛圍是有影響的。不如說，啊，第三組的討論好棒啊，加一分。第二組都好注意聽別組發表呢！好讚。加二分。

話說回來，上述種種機制都只是引導的誘因罷了。如果我們的學生已經開始投入學習狀態中，教師就不用太刻意使用這些機制了。

（輝誠案：我是在高雄學思達大型研習，第一次看到海螺圖的使用，真是驚豔不已。「海螺圖」再加上「撲克牌計分法」，簡直就讓課堂活潑異常、讓學生樂在學習、專注於學習啊！）

蔡宜岑〈撲克牌計分法〉和林姿君〈舉手計分法〉

撲克牌計分法是老師分享出來，廣受好評。我在高雄親眼看到真實使用過程，覺得實在太神奇了！宜岑老師手持一副撲克牌，四處遊走，看到同學討論認真，就發送一張撲克牌給該學生；上台回答問題之後，其他各組組長馬上舉手評分，一到四分，最多人舉出的相同分數就得幾分，如最多人舉三分，就給該組三張撲克牌；遇到發問精采，也發一張；上課最守常規，也發一張；表現優異，也發一張……，宜岑老師簡直就像大員外一樣，到處見善施財，一張張撲克牌不斷發送出去。等到撲克牌發完之後，就讓各組組長計算有幾張撲克牌，一張代表一分，然後讓組長陸續上台，移動海螺圖內自己的組別磁鐵。各組移動磁鐵時，底下同學都很緊張，真是非常刺激！

基隆學思達研習，林姿君老師真實授課時，更將舉手評分權，交給教室後頭的觀課老師（每人手上有一個讚），有幾個讚舉起來，學生就能得幾分。如此一來，連來觀課的老師都有參與感，都得認真聆聽發表才行。真是太棒的方法了！

17

學校給力

有效經營，幫助老手、新手教學都上手

在推廣「學思達教學法」時，我原本預估：最能打動教書十年左右的老師們。因為已有十年經驗的老師單向口述教學技術成熟、教材熟悉、口才流暢、班級經營能力佳、講台表演能力強，但教學熱忱卻開始慢慢消退，甚至急速陡降。我想學思達可以很快幫助這些老師重新找回教學的熱情和能量。

雖然我一開始鎖定的目標對象是教書十年的老師，但是學思達本身卻以驚人的穿透力，從第一年開始教書的老師，一直擴充到教書五年、十年、十五年、二十年、二十年以上，甚至將要退休的老師，都開始運用學思達教學，同時取得讓人驚喜連連的成效，果真讓老師重新找回熱情，讓學生樂在學習。我且舉兩位老師為例，一位是第一年教書的老師，一位則是即將退休的老師。

這兩位老師都在台北市興福國中任教，校長許芳梅女士給予校內老師全新資源與大力支持，讓這所瀕臨廢校的學校，開始有了新的契機。許校長一方面提供公假，讓校內老師們到校外開放教室去學習；一方面尋找翻轉成功的老師到校演講、輔導；又陪著老師一直往前，用極大的愛和信任，讓老師大膽改進教學。同時關心老師的改善教學進度，具體了解老師需要幫忙的地方，然後再提供更多幫忙（如果細心觀察，就會發現：這就是學思達老師在教學現場對學生所做的事情！）。

許校長特地寄給我該校各科的學思達翻轉經驗，果然，文科翻轉較為順利，理科較不順利（但現在全台灣已經有很多老師，在理科教學也學思達成功了喔），確實如此，這也是我們要引入[1]均一教育平台，長期和均一合作的主因。

許校長寄來的老師心得，我謹摘錄兩篇，一篇是明年就要退休的老師，書寫如何從學習共同體到學思達的過程；另一篇是第一年開始教書的老師，描述如何開始接觸學思達、如何從猶豫到行動、如何開始在課堂上正向鼓勵學生、如何看到學生的改變……我看著看著，眼眶不禁盈淚。

謝謝這兩位老師，他們用行動告訴大家，學思達不論新手、老手，都能上手；謝謝芳梅校長，她示範了校長如何帶動老師進行改變教學的典範！

學思達教學有感

台北市興福國中　呂瑞芬老師

興福國中從一〇一年開始為學習共同體的試辦學校，二年來教室課桌椅的排列改變了，老師上課的方式改變了，課堂氛圍改變了，在這些變動中，今年有了更大的變化。這學期十月十五日，中山女高張輝誠老師應校長的邀請到校演講，介紹學思達的教學法，除了思考和表達外，更強調自學。我正好今年接了七年級新生班，於是先向學生說明會如何上國文課，以及為何要這樣上課。我開始重新備課，認真做講義、設計問題。三個月來，我的國文課就在「學思達」中翻轉，雖然還在不斷地修正中，但至少有幾項發現：

1. 課堂上學生很忙，忙著在文章中找重點；忙著和同組同學討論問題；忙著思考待會兒如何說出這組的看法，他們是課堂的主人，學習的主體。

2. 時間過得好快，當學生還在討論或發表時，下課鐘聲已響起，一節課常常在大家意猶未盡中結束了。

3. 由於有計分競賽機制，輪到的同學得陳述小組的結論，所以平日沉默寡言的同學，也聽到他的聲音了，每個人都有練習表達的機會。甚至也會有爭著發言的景象。

4. 經過兩次段考，全班平均成績並不低落。幾位程度落後的同學，稍微有進步。

5. 班級經營得好，學思達教學容易成功；另一方面來說，推動學思達教學有助於班級經營，兩者可相輔相成，這一項仍持續觀察驗證中。

我即將於一年後退休，但我喜歡嘗試，從學習共同體到學思達教學，讓我的課堂風景與過去大不相同。感覺台灣在教學上已發展出自己的一套方法，而最大的受益者是學生。

感謝張輝誠老師的熱忱，讓我們認識了這種迷人的教學法；也慶幸我在退休前，能參與其中，親身體驗，甚感欣慰與喜悅！

學思達實作心得

台北市興福國中國文科　張維舫老師

早在考教師甄試之前，我就已經從教育學程的學長姐口中、與新聞媒體上，聽聞有位老師毫不吝嗇的公開課表，開放自己的課室讓全台所有老師參觀。當時我還不了解「學思達」的意義到底何在，也不了解為何有那麼多的老師願意到中山女高觀課，基於考試所需，我開始上網找了翻轉教室的影片來看。一開始，只覺得輝誠老師講話非常幽默，會讓台下的觀眾們有想繼續聽下去的動力，但基於考試時間，我並沒有真正的去了解學思達的核心價值與做法。

很幸運的，我受到評審老師的青睞，在第一次的教甄考試順利的當上了從小就夢寐以求的教師職業。來到興福國中，我了解到學校從校長上任起，便跟隨著臺北市的教育走向不斷前進，甚至是第一批實作學習共同體的學校。當我在備課日再次仔細的觀看輝誠老師的影片，我開始有了想嘗試的動力。只是，對於一個完全沒有教學經驗的我而言，內心有小小的恐懼，而遲遲沒有行動。我不知道這種恐懼的來源，也許是對自己沒有自信，也許是，我很害怕改變，改變一個我已經習慣的教學模式。

期初不久，我和幾位同事一同到中山女中觀課，想一窺「學思達」的實作現場。只見上課鐘聲響，輝誠老師手抱一大疊講義，發下後每位同學開始主動「讀」了起來，雖然有些窸窣，但看得出每位同學有在閱讀，一段時間後，學生們自動湊起來討論講義上的問題。接著輝誠老師抽同學上台回答，而學生們也毫不害羞的上台拿起麥克風，這樣的景象令我感到十分驚奇！

回到學校後，我雖然也想嘗試著「學思達」，卻不知道從何下手。在第一次段考下午後，學校竟然有幸邀請到輝誠老師到學校演講！聽完老師的演講後，我突然感到心中一股動力逼我馬上去實作，如果沒有一股衝勁，到底什麼時候才能改變我的國高中老師那種傳統的講述式教法呢？我是這樣被教上來的，自然的，我也這樣帶給我下一代的學生，因為我的腦中只有這種教學模式。很幸運的，我們國文團隊一樣被輝誠老師的熱情所感染了，在隔次的領域會議中，認真討論了我們要朝「讓學生帶著走的能力」發展，而不再執著於傳統的字音、字形、默書。

在開始實行「學思達」的第一堂課，我先讓班上的各組畫出屬於自己那組的代表物，並協助護貝，讓學生對於自己的組別有歸屬感；也向學生介紹了「學思達」的進行方式，是為了讓他們能自行閱讀與思考、進而表達自己的看法，老師看似課堂上輕鬆，卻必須在前一天晚上想題目，也要設想孩子回答的答案，因為這樣的方法，不僅學生要仔細聆聽，連老師也必須專注在學生回答的問題上。意外的，孩子的反應大於我的期待，也許是因為分數被綁在一塊（我將第一次段考六十分及格者列為得分一分，不及格者列為兩分，討論完後抽同學起來到台上拿麥克風回答。為了避免孩子抱怨，所以在每次分組討論時，我會到各組旁引導他們，告訴各組的「大將」：因為你有能力，所以要協助其他的組員；另一方面也鼓勵各組的「小小兵」們：「你們看，其實你懂，只是需要比較多時間，在你們彼此的互助合作下，你若被抽出來回答，你得到的分數大於其他人呢！多棒！所以你要快點學會！」）

當然，因為孩子沒有受過訓練，有些學生一拿到講義，便開始抱怨：好多，我不會，不想看。這時也要很有耐心的跟他們說，快點問問看旁邊的同學，這時有些學生會頭湊過來，指著答案處，請不會的同學畫線，然後我就會說：看！隔壁的同學在幫你找答案，這樣你們兩個就都會了！其實，我更想講的事情是，看著他們頭貼進彼此，好像全班的向心力也藉由同組，在那剎那間更加凝聚。因為是剛開始訓練，所以在課堂的最後，我也會提醒同學們傾聽的重要性，和下次可以改進的地方。

最令我驚訝的是體育班，一直以來我都非常擔心，因為他們的基本識字量不夠，對課堂也完全沒有動力。實作的第一堂開始之前，我的內心莫名恐慌，果不其然，班上成績最好的學生在我宣布小組得分制時，大聲說：老師你竟然還有這招！但我到旁邊指導他，告訴他：「你是你們這組最大將，這組就靠你了耶！我相信你們這組一定能最快爬到計分板的最上方，加油！」接著我看見的畫面是：被抽出來的同學不會，這個班上的第一名，偷偷的用唇語告訴他答案，他並不介意他們並非同組。也有一次，有位同學不肯協助同組夥伴，認為他很笨，每次考試分數都很低，我走過去說：「你覺得別人不如你，那你講一下你的答案？」這位同學不說話。我問剛剛被罵的孩子：「原本你想說的答案是什麼？」說完後，我說：「答對了！你看，其實你會，要有自信，你的答案是對的。」剛剛那位馬上說：「好厲害！原來你才是知道答案的。」我也會因為討論的狀況，刻意點剛剛回答得不錯的同學，他們會很有自信的講出答案，我看見的是獲得成就感的那種表情，和熱切回答的心。也正因為每位同學都有事情做，都必須討論，我發現沒有人睡著，因為每個人都沉浸在可以活動的快樂中。

開始做「學思達」後，誠如老師所言，我不佔用全班共同的時間講解和唸同學的不是，而是可以一個個走到孩子身邊去問、去引導他們不會的地方，也才能更清楚每一位孩子不同的學習困難。但實作的時候也發現一些難點，例如我們實作的第一課是「張釋之執法」，孩子有時候就算互助，或猜或討論，也難以討論出一些連接詞、助詞等虛詞的意思，所以在上文言文時，我還是會希望幫孩子先打下一點基礎。不過，這次的改變，讓我看見，當孩子不再是「教室的客人」，當孩子知道自己是「對群體有幫助的」，他們的眼神會不同，會發光、會興奮、會熱衷、會執著找出答案、會互相討論、互相幫忙，這是好的開始。將來，我希望朝著每堂閱讀課外讀物，一步一步慢慢來，培養孩子閱讀的速度。當然，我也要不停的精進我自己的專業知能，我相信長久的累積，假以時日，孩子的成長將是指日可待。

18

夥伴分享——國小自然篇
我的學思達翻轉經驗

高誌忠 台中四維國小自然科老師

輝誠案：國小老師最適合同時採用「翻轉教室」和「學思達」。上課時結合「均一教育平台」的影片自學，同時又用學思達教學法上課，兩種結合一起上課。最早的典範老師就是新北市龍埔國小施信源、顏美雯老師夫妻檔，台中市四維國小高誌忠老師也是如此，請看他的翻轉經驗談。

輝誠老師 您好：

先感謝您願意讓我成為臉友，讓我有機會持續接受學思達翻轉教育的洗禮。冒昧自我介紹，我在台中市北屯區四維國小服務，目前擔任學務主任，教授自然科，行政工作的忙碌，每每讓我在教學後充滿愧疚感與空虛感，看了您的學思達，燃起我的熱情，找回我的初衷，身為教師就應該去做對學生學習有幫助的事，充滿表面假象的行政事務，不應該佔據我太多心思。

跟大多數老師一樣，每天FOLLOW您的翻轉大會報告是一件很令人期待的事情。約莫兩個月前想認真的研究一下翻轉教學，於是開始看看大家是怎麼做的，竟發現原來翻轉已真正形成一股浪潮，而看了學思達教學工作坊的影片後，我終於明瞭這股翻轉浪潮真正的推手就是輝誠老師。

一口氣看完「翻轉教學工作坊」系列影片後，非常敬佩張輝誠老師及葉丙成老師願意分享自身教學經驗及推動改變教育的熱心，除了迫不及待馬上翻轉及學思達外，也想貢獻一點點力量，推動校內夥伴來改變教育，翻轉教學。先分享一下我的翻轉模式，除了學習採用學思達的模式外，也參考了均一教育平台設計給學生的學習網站（http://easyfunnylearning.blogspot.tw/），將學習材料及補充講義上傳，但小學生無法真正翻轉教室，正如同施信源老師最近發表的一篇文章，設備問題、家長觀念、下課後的時間分配，因此每週我都利用一節課去電腦教室自學，後兩節課進行討論發表。

輝誠老師提到討論要成功，重要的是機制。小組分數綁一起，的確是一個很好的方法。我也讓小朋友每組評分並要求寫短評語，回答的同學則多有變化，包含抽籤、他組指定、推派強棒，並啟動求救模式（輝誠案：高老師這些法子都太波兒棒了，有學思達的老師們可以學一下喔！），幾次下來，看到學生發表討論，被追問再回答的過程，相當精采。不過在時間與進度壓力下，目前嘗試的問題模式，是由自學回答基礎問題，並做線上或紙本回答（闖關模式），聚焦到課堂上的核心問題，所以課堂討論頂多一～二題，最關鍵的核心概念問題。

不給魚吃，給他們釣竿釣魚，學習如何使用釣竿就很重要了。在學校讓他們幾次登入學習平台，配合課本等書面資料自學，過程中小朋友總習慣舉手問「老師，老師……」，這時就是引導共學與自學的好機會。鼓勵同學與小組夥伴討論，或利用網路自學，就是不給答案，慢慢的也有令人驚訝的成效。如學生在週末晚上十點多上網，不是去遊戲或看臉書，而是上平台去回答問題；或在某節課上台發表得不是太滿意，下一節課再上台會出現自行補充的資料，這些都是展現自學的過程。

在討論與發表過程，輝誠老師的抽籤回答方式，讓高成就孩子願意去指導低成就的孩子。另外我還採用了他組指定的方式，這也讓小組成員被迫共同學習，因為不知道會抽到誰。如果指定，那低成就孩子一定會被指定（分數綁一起的好處），所以不討論不思考不協助小組較弱的成員，那小組分數勢必受到影響。（輝誠案：真是太波兒棒了！）

目前較大的困擾是仍有幾位同學喜歡獨來獨往，感覺自己就可以學會，不需要和別人討論，或仍不習慣自學、仍希望老師引導、仍要老師給答案，他希望不要分組或自己一組。我說可以，分數除以五（目前分五人一組），我另外跟他說你是小組最強棒，你要扛起來，所以目前他是在觀望，我也在觀望有沒有更好的方式引導他。（輝誠案：是的，要根據自己的教學現場來調整或發明新的機制，然後看看是否可行，如果可行就趕緊分享出來，不可行就再調整！）

前二週適逢期中考，大膽的將考卷檢討也拿來翻轉，以小組ＰＫ方式進行，火花四射，讓我驚嘆，同時也不禁感嘆，與學思達相見恨晚啊！

最後，還是想表達自己的感動，看到學思達影片那晚，我內心激盪不已。聽著輝誠老師充滿自信的改變全台教師的雄心壯志，我確信這是可行的，而且比起上頭以評鑑方式或口號宣導式的推動有效多了。因為您不是「說」著要大家改變，而是「做」著改變自己，讓大家感受之後而改變。我一定要帶著夥伴親臨現場觀課，感受老師您的魔力。（輝誠案：我看到有老師翻轉成功，我的喜悅比大家看影片的激動心情可能還要高出十倍喔！）

19

夥伴分享——國中數學篇
我的學思達翻轉教學模型

陳世斌 新北市五峰國中數學老師

輝誠案：本文有世斌老師完整的教學思維與操作技術（自學、思考、表達、分組、作業、引導、提問、合作、競賽、計分、配套措施等等），具體清晰，簡單扼要，其中讓學生自創題目、生活分組的概念、PS補充部分和公司經營概念都非常精采！很值得參考。

一、自學：

1. 以康軒版國中數學課本及習作為主要教材，課前事先於聯絡簿安排學生自學進度，包括：閱讀內容、例題報告、類題先做、討論自創、評量習作等。

2. 輔助教材：鼓勵閱讀九章數學教育基金會建立的「初級中學數學自學教材」（http://www.chiuchang.org.tw/modules/news/article.php?storyid=503）

3. 線上學習：每週公告「均一」週日前須完成之技能項目或影片，完成者可記優點；未完成者，週一開始每天放學後將進行補救教學。十七點半前，整組協同教學，十七點半後完成者可離開，留下未完成者自學至十八點才能離開，不過隔天依此繼續，直到全部完成為止。

4. 有時考卷（非選擇題為主）可讓學生預先帶回家準備，隔天再帶到學校限時作答，培養自學能力；或開放組內討論，培養分組學習能力。

PS：自學模型的設計策略在於「變」，以多元的鼓勵或要求方式來保持學生學習的新鮮感與持續性，以教學的多元樣貌來引導學生展現多元的學習創意，目標是能讓學生的學習從「被動」慢慢轉變為「主動」，即可謂好的自學模型。

二、思考：

1. 體察學生可能做錯或不懂之觀念問題導向，以提問方式引導學生思考並澄清觀念。

2. 採異質化分組合作學習，藉彼此互動，以強帶弱，增加參與感與學習思考交流。做法是將全班二十八人依段考成績分成四級（A、B、C、D），由最低分之D先選B（因為B負責教D），B再選A（因為A是組長），A再選C（因為A負責教C），故全班分成七組，每組四人（即每組有A、B、C、D各一人）。每次段考後會重新分組。

3. 另外座位的安排請參閱本文附錄，沒併桌的原因，是因為我覺得不需要，反而能讓討論（或強帶弱）時須離開座位，增加活動量，且比較符合下課時的常態，也能符合我班

級經營「生活分組」的要求。（即組長會對組員教授、示範、指導、常規及作業提醒）

4. 鼓勵分享自創題，以課本例題題型為主，舉一反三，更提升思考層次。

5. 鼓勵於他組報告時提問（可加分），增進報告時台上台下的思考互動，並在聆聽報告後舉手（給讚），也培養觀察評鑑能力。

PS：思考模型的設計策略在於「層次」，何種問題適合個人？何種問題適合分組？何種問題需要加深（難度）？何種問題需要加廣（舉一反三）？關鍵就在於層次。提問的方式有了層次，思考的內涵就具有邏輯，目標是能讓學生的思考，從「片段」慢慢提升為「整體」，即可謂好的思考模型。

三、表達：

1. 將課本例題採得分制，先抽籤交由各組討論後，派人上台講解，再由台下全班同學聆聽後舉手（給讚），一人一分，所以每個人都要專心聽講，若被老師發現不專心者，該組會被扣分。以數學單元一節（例如1-1）來說，會分成十四個報告題，並抽籤安排兩個循環的分組上台演示，即每組都會上台二次，而上台人員不得重複。每單元課本內容都會請學生先預習，類題則先做。利用提問法（加分）可知學生有無預習；而例題講解完後隨即核對類題答案（沒做扣分），可知學生類題有無先做。此外課本內容或類題有問題，皆可舉手發問，再由教師（或他組搶答）講解。

2. 表達是一開始就要訓練的。以例題兩循環而言，先從各組派一人（可重複）報告開始訓練，過程都在課堂中老師公開指導，一個月後各組才開始兩個人（不可重複）輪流報告，所以到第二次段考時（約三個月後），就已訓練出一半的人能上台，接下來就是各組較害羞的另一半學生，採鼓勵的方式。（目前朝全班四分之三的人能上台報告為目標）

3. 作業講解或提問（含試題檢討）採加分制，即分組搶答方式，若提問搶答成功，該組加1分，若能上台講解題目，則交由全班同學聆聽後舉手（給讚），不過分數以舉手人數A、B除以4；C、D除以3來加分。

4. 試題的講解，分組可討論，也可一對一教學（A教C；B教D；有時A需教B），所以當A都不會的題目，才會被提問，因此該組是不能參與搶答或加分的。當然若問得好，問到大家的痛處，或別組也都不會，該組自然還是可以加分的。

PS：表達模型的設計策略在於「教」，也就是老師一定要先教學生怎麼表達。以數學來說，解題的步驟本身思維就是具有邏輯、具有層次的，所以教學生上台時能說一步解一步是非常重要的，目標是能讓學生的表達從弄「懂」到會「寫」，慢慢提升到會「說」且能「教」的地步，即可謂好的表達模型了。

四、配套：

1. 本班的班級經營方式是採分層負責的類公司經營模式，導師只是董事長，班長則是總經理，經營思考的層面也應該是永遠比學生更高更廣的。簡言之，導師建立的是願景、是制度、是道理、是標準化流程，而儘量是不直接介入班級的管理。

2. 建立班級臉書，讓班級的學生、家長、任課老師皆加入社團。每週公布生活常規狀況表（即類似個人績效考核表），每週繳交感恩卡一張（老師收齊蓋章後轉交被感恩同學），每週分享好文（含學生小記或網文），推動批判式思考閱讀等。

3. 成績計算方式：將筆試、作業成績皆採計整組平均（筆試成績），討論發表、口頭問答、均一技能及其他表現皆列入分組競賽成績（學思達成績），另外還有「個人態度」及「段考成績」。原則上將以上四項成績平均，即為個人的段考平時成績。

4. 其他未載事項或班級經營實況，歡迎申請加入本班臉書「2014 五峰 719 班」社群進行觀課（可按讚）。不過有任何問題請私訊，除非本班任課老師，切勿於臉書上留言。

5. 最後小弟不惴獻曝，希望藉此模型，能提供給翻轉的夥伴們更深層的助益，進而建立出更適合自己班級的翻轉教學模型喔！甘溫啦！

五、教室座位表（粗線為分組座位方式，每週固定輪動）

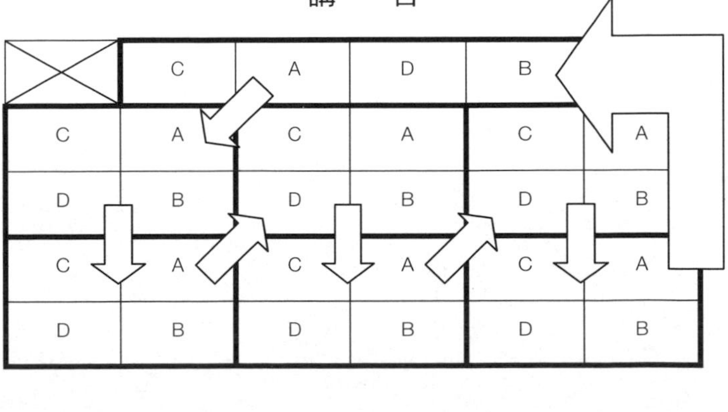

20 我的學思達教學實踐與省思

夥伴分享——高中化學篇

羅勝吉 台東中學化學科老師

輝誠案：羅勝吉老師是全台灣第一個用學思達教學方式，最快做到隨時開放教室的化學科老師，他毅然決然拋棄多年教學功力所累積精製出來的填鴨講義，重新編撰講義，改採以問答題形式為主的學思達講義。他撰寫了許多文章，深入反省過去的教學，以及新採用的學思達教學背後隱微的奧義，非常精采。此處謹摘錄三篇，鼎嚐一臠，其美味之旨，可知。

第一篇

寫作動機 提供夥伴觀看一場真實的學思達教學現場，以及教師之間的交流、回饋與分享。為著能夠使學生的學習達到最佳成效，教師需要隨時做調整。

開學日當天，兵荒馬亂之際，班上突然來了一位不速之客，仔細一看，竟然是我的老婆！我心想，今天同學完全不想上課，她這堂課來，能看什麼呢？但自始至終，我開放教室就不是為著表演，就算亂也許也有些可以學習的地方吧……她找著座位之後，我們就開始上我們的課，她的身旁也有一位她以前教過的學生陪著她。

這堂課，是當天這個班的第二堂課。我前一天編寫講義到凌晨，但自覺自己在「自學」部分的安排做得很差，下課後立刻重新編寫講義，希望在下一節課同學能有較好的自學效果。下課後，她對我說，「進行學思達教學真的要很有耐心，否則很容易因為今天同學自學、分組討論時的那個死樣子而大發脾氣。」我心想，可不是嗎，若不是神的恩與我同在，我怎麼可能這樣上課呢？

今天在分組討論結束後，我抽籤選取同學回答問題，第一個問題是「請問你剛剛有和同學進行討論嗎？」那位同學說，「沒有。」我再抽第二位，問他同樣的問題，他也說沒有。第三位、第四位也同樣回答沒有。我對他們說，「同學，你們浪費五分鐘了！我們再利用三分鐘，分組討論剛剛那兩個問題。」分組討論結束後，我抽籤選取同學回答問題，這一次我問那位同學，「請問我剛剛問你們的問題是什麼？」他不知道，所以搖了搖頭。我再問第二位，這次那位同學才在同學的幫助下勉強擠出答案。

面對這種情形，你會如何處理呢？我基本上沒有針對他們的問題處理什麼。很多時候我仍在學習一個功課——面對問題，不回應或慢一點再回應，也許是最好的處理方式。經過這兩個問題後，雖跌跌撞撞，我們總算回到正常的軌道，進行有關「波以耳定律」的自學活動。雖然他們並不認真，但學思達厲害的地方就是我們可以問學生問題：

1. 學生答不出來或答錯了，就逐漸引導讓他們想出答案！
2. 學生答對的，還要不斷追問，以幫助學生掌握重點、釐清觀念、思索更深的難題。

3. 最後統整所有的答案，再一次給學生正確解答。

說真的，我從不曾擔心課堂的秩序問題，卻很擔心我沒有好的問題可以引導學生。只要我能引導，孩子能回答，讓我檢視他們的學習成效，那就夠好了。我最後也給我太太一些回饋，我對她說：

1. 這個學期對我是一個挑戰！面對更為艱深的課程（高二下化學，學測不考），如何安排學生的自學活動，真是一大挑戰！

2. 哪些問題，請同學在座位上回答；哪些問題，該提供同學上台表達的機會，也是這學期需要考慮的。

3. 課堂前五分鐘，大多浪費掉了！我在考慮進行課堂小考，小師傅負責指導，小徒弟負責書寫答案，分數則併入海螺計分。

她後來也給我一點回饋，她說：「這些概念都很抽象，而那位同學能夠這樣回答，真的很棒！」

第二篇

寫作動機　雖然學思達教學一定會使學生成績變得更好，但仍提醒夥伴勿被成績綁架。鼓勵夥伴回想自己改變教學方式的初衷，繼續進行學思達教學。

學測成績公布之後，校園中就一直聽到同仁說到「有幾位同學考到七〇級分，甚至比去年還要多」的談論聲。我們處於現實的教學環境，很難不受這些氛圍的影響。我們甚至可能受到考試誘惑，有反應而說出一些消極的話。

我不想湊熱鬧，我不想因為分數迷失而進行另類的教學法軍備競賽。輝誠老師常在研習尾聲，用一張投影片和與會的教師彼此共勉──「讓我們一起來用學思達改變台灣教育！」這意思是說，我們進行學思達教學，從來就不是只為著能夠考到七〇級分的同學，相反地我們關心每一個孩子（特別是中、後段程度的孩子），我們在意的是台灣整體的教育環境。一位學生能夠考到七〇級分，聰明自然不在話下，更重要的是他具備認真、忍耐、有毅力等成功者的性格。這樣一位學生就讀我們學校，若考不到七〇級分，我們反而要覺得很虧欠，是不是我們學校出了什麼問題，影響到他的學習。

那麼，資質沒麼好，屬於中、後段程度的同學，我們該怎麼幫助他們呢？

昨天我的數學教師妻子對我說了一段很有哲理的話，她說：「你知道怎麼讓班平均成績變高嗎？很簡單，只要『拉拉隊』變少就可以了！」親愛的夥伴，這不是學思達最拿手的嗎？難怪進行學思達教學之後，班平均成績都會變高，甚至超越其他班許多。因為傳統的講述法容易使中、後學生逃離學習行列，成績便往下掉，但學思達卻能有效的幫助這些同學建立自信，並產生學習興趣。進行一段時間後，中、後段同學的能力變好了，便不再成為「拉拉隊」，班平均成績自然往上竄升。（輝誠案：學思達照樣可以讓程度好的學生變得更好喔！只要巧妙運用分組和講義製作就能達到！）

我想轉個彎，避免落入追逐分數的圈套。我想說的是，我知道每一位師、生都很在意成績，但學思達一定能夠讓學生的成績變得更好（拉拉隊變少的緣故），所以就不需要談論太多。那麼，我們進行學思達教學的初衷到底是什麼呢？難道只是成績嗎？難道學生的成績不盡理想，我們就放棄學思達，回到傳統的講述法嗎？從前學生的成績不盡理想，我們也未曾放棄過講述法，不是嗎？就我而言，我改變的初衷如下：

1. 我之前的教學其實很呆板，基本上就是「你說我聽」。我算是一個很會哈啦的人，但我的課頂多只有開頭十五分鐘很High，十五分鐘過後，我就很難擺脫「你說我聽」的沉悶風景。我想擺脫這個！

2. 多年來，我一直對學生進行「填鴨式教育」。為了幫助學生應付考試，我常在上課時提醒學生「畫重點」，並強調「這會考」。我很不滿意這樣的教學，難道我的教學只是為了訓練學生成為考試機器，卻罔顧他們其他的能力嗎？

3. 在傳統講述法中，學生只是被動地接受，沒有轉化成自己的能力。在一次擔任高三模擬面試口試委員與學生對話的過程中，我甚至驚覺到他們「什麼都沒有學會」。

然而進行學思達教學之後，可說大大改變了以往教學一味「你說我聽的沈悶場景」，學生不但覺得上課有趣，並且在課堂中完成所有的學習。以下幾點是個人覺得來自教學現場最深的感動：

1. 教師轉換成主持人、引導者，學生成為學習主角，將學習的主動權還給學生。
2. 小師傅教小徒弟，合作求學問。
3. 教室成為思辨殿堂，帶學生與科學對話。
4. 學生沒有逃離學習行列，反而精神專注，留在學習行列。
5. 上課就學會，並且熟練。

親愛的夥伴，談到這裡，你還會這麼在意成績嗎？學思達可說是百利無一害，既然這樣，不妨遠離討論成績的環境，繼續進行咱們的學思達教學吧！

第三篇

寫作動機 **說明學思達教學是達到有效教學最佳的教學方式。說明這學期評分方式的調整，並增加課前小考的原因。提供給夥伴化學科學思達教學說明投影片，並鼓勵夥伴利用各種方式進行推廣。鼓勵夥伴試著開放教室，並邀請人來觀課，這是推廣學思達教學最便捷也是最有效的路。**

昨天有一位同學問我一個問題，「老師，現在這個學校是不是只剩下你在進行翻轉教學？」我不知道如何回應他，只好靦腆地對他笑了一下。

我心想，教師若知道學思達教學的好，怎麼可能不馬上改變？所以問題可能在於我們不知如何向人說明學思達教學的好，因此，親愛的夥伴，讓我們先來思考一個最根本的問題，「為什麼你要鼓勵其他教師進行學思達教學呢？」不可否認的，我們都希望我們的學生學會並學得好，進而取得好的成績吧！那麼，第二個問題，「為什麼學思達教學能讓學生學會並學得好呢？」個人覺得學思達教學能夠成就有效教學，最大關鍵在於學生自學能力的提升，其原因如下：

1. 教師轉換成主持人、引導者，學生成為學習主角，將學習的主動權還給學生。
2. 分組討論時，組員彼此交談互動，增加參與感與學習樂趣，絕不會從學習中逃走。
3. 藉「團分」方式，營造既合作又競爭的學習環境。
4. 藉著學習樣貌不斷的切換，一直維持學生的專注。
5. 提供學生精熟學習的機會。若「閱讀課本找答案」是學第一遍，「進行分組討論」是學第二遍，「和教師的思辨過程」是學第三遍，最後「教師統整所有的答案並再一次給學生正確解答」是學第四遍。同一個概念經過四遍的學習，難道不能學會、無法精熟嗎？

其次，我想與夥伴們分享我的操作方式，因為目標確定了（學生能學會並學得好），更需要輔以好的方法來達成這個目標。但請記住，課程本身是主體，學思達教學活動是協助學生達到有效學習的一種憑藉，切勿反客為主了。

這學期最大的改變在於評分方式的調整，並增加課前小考。

1. 上學期我採用海螺計分法，這學期我改用撲克牌計分法，原因在於我想在同學分組討論時，巡視並進行提問，同學回答後，立即依其表現給予撲克牌計分。

2. 上學期上課鐘響後的五分鐘，我們大都浪費掉了。這學期將於前五分鐘進行小考，小師傅負責指導，小徒弟負責書寫答案，分數併入撲克牌計分。

最後，若您擔心無法清楚說明學思達教學的理論與實務，請試著開放教室，並邀請人來觀課，這是最便捷也是最有效的路，輝誠老師也是一直鼓勵大家這麼做，加油囉！

21

夥伴分享——高中國文篇

我的學思達教學初體驗

蔡淑諍 台南新化高中國文科老師

輝誠案：新化高中校長，是全台灣第一位提供「公差假」讓國文科老師北上中山女高觀課的校長。不但坐高鐵，還住宿一晚，只為了能讓老師接觸最新的教學方法，實在太感人了！淑錚老師經過一年的實驗之後，終於在今年開放教室了，請看她是如何一路走來！

輝誠老師好：

還記得二〇一三年的九月初，看到您在臉書上公布開放教室的消息，十月揪團觀課以後，翻轉的力量一直在心中蓄積，在課堂上也開始改變檢討考卷的形式，某些課次或作文以翻轉的方式教學，效果也還不錯，但心裡總是存著跟大家一樣的疑問：每一堂課都這麼做有可能嗎？進度會不會來不及？學生真的能接受嗎？程度好的學生有能力，那我的學生呢？

新的學年度，我想解開這些疑惑，在帶新高二的這個時機，我開始嘗試全面的學思達，顛覆了自己十多年的教學方式。暑輔至今大約已經累積七課的翻轉經驗，在此願意跟大家分享一些心得，也歡迎大家給我意見。

一、前置作業

暑假期間，我先思考應該如何遊說學生以及如何進行整個上課的流程與機制。

第一堂課就這樣進行：

1. 分析大考試題

第一節課，先讓學生分組（四或五人一組），發下九九、一〇〇、一〇一、一〇二、一〇三年的學測、指考國文試題共十份，一組負責一份。試題中我將出現在六冊課本中的題目先用螢光筆畫線（有些題目只有一個選項是課內的，就只畫該選項），請各組算算看課內、課外各佔幾分，到黑板寫下來。

2. 偷偷展開學思達

開始問學生，從黑板上的統計表，發現什麼？（大家才驚覺原來課外的這麼多。）再問那應該如何準備大考？只上課內的夠嗎？作文佔了一半的分數的情況下，該如何培養語文表達的能力？分組討論，抽籤請同學回答。（學生多半是回答多看課外書、多做閱讀題本、多練習寫作寫日記等籠統的答案，當然也有「那就不要讀國文了」的白目答案。）再問國中基測作文題「面對未來的能力」大家覺得有哪些？各組討論三個並上來寫在黑板上。

3. 開始洗腦

如果每一節上課，除了課本內容，還能讓同學多閱讀、多思考、培養大家歸納出來的黑板上的種種能力（表達力、團隊合作、抗壓），累積一年半或二年，功力一定大增！

4. 介紹接下來的上課模式

整體流程大致上都按照輝誠老師的計分方式，鼓勵同學上來發言。平時考計分方式：考試成績佔五〇％，上課討論分數佔五〇％（依最後總分排序，大概從九五到七五左右）

二、萬事起頭難

學生部分：

因為是新班級，我刻意將他們拆開，不要跟原來認識的同學同組，他們彼此還不熟悉，也不太清楚上課的流程，自學速度還沒訓練起來，不好意思發表，上台回答又拖拖拉拉、講不出完整的句子或不講話，抽了好幾組總是答不出重點，甚至還有同學不願意上台。

老師部分：

尚在試探學生程度，一切都還在摸索中，進度一定會比較慢，我的第一課是〈岳陽樓記〉上了整整兩週，心裡真的滿著急的，每上完一節都很想放棄！但是因為已經跟學生說整個學期都要這樣進行了，所以硬著頭皮還是繼續下去。不過到了第二課〈范進中舉〉之後真的開始漸入佳境，這一課的速度就加快了。下一課的〈出師表〉除了網站上的資料之外，我又自己按照學生的程度，設計了一些題目，因為是自己的邏輯，所以覺得帶起來又更輕鬆更得心應手，感覺學生也開始進入狀況。開學後的幾課，學生就自然而然地習慣這樣的上課模式，發表的狀況也更加熱烈有自信。

三、具體操作的細節

（一）講義製作

1.真的太感謝學思達教學平台的整合以及太多老師的分享了，節省許多製作講義的時間。大部分的講義我都是集眾家精華，然後把覺得太難的刪掉，自己也不會的刪掉（羞），或修改成自己可以講解的問題。由於學生程度並非頂尖，有些資料我還會去國中的平台搜尋，也都很有收穫！各科若能建立起這樣共備的平台，老師們在備課時就能更輕鬆，上課時能更專注在聆聽學生的邏輯，解決學生的問題。

2.在製作講義時，我會先思考從前上到這段時，會強調哪些重點，接著歸類為「基本的形音義、修辭技巧」、「文意的理解」、以及「與人生結合的情意闡發」，再來設計問題，用問問題取代講解。

3.一開始總想面面俱到，什麼都放，導致講義內容太多。其實還有一些小技巧，就是把幾個問題放在同一題中，多幾個問號，既可以節省抽學生上來的時間，也可以讓學生討論到你想要他們學的重點。或者就依照學生程度有所取捨，討論最核心的問題即可。

（二）回家自學

輝誠老師的理想是全部在課堂解決，讓學生回家享受家庭生活。一開始我也這麼做，但是進度上真的太慢，因此我會視情況，問一下今天回家作業考試多嗎？如果還好，就會指定學生回家先讀一到二個問題，量不會太多，隔天一上課就可以討論、上台，可以稍微緩解一下時間的壓力。兩個班的學生中，有一班比較主動，當我巡視甩手聆聽時，大部分同學的講義上都有閱讀過的痕跡，有的甚至上網查好寫完答案了，這時當然要給予正增強，大大鼓勵讚美一番；另一個班比較被動，剛開始我甩手巡視過一遍後，只有極少數有讀過，因此我先請組長加少數幾個有閱讀的同學那組的分數，讓那幾個少數變成該組的英雄；下一次就找全組都有回家閱讀的加分，沒有讀的就開始會有同儕的壓力了。

（三）學生自學時的巡視

自學完後開始有小組交頭接耳了，我就會走下去到各組聽聽討論的情形。起先學生會害羞，幾次之後他們就無視於你的存在了。每組停留時注意討論有沒有偏離主題，可能是我給的問題問得不夠清楚，這時就可以個別釐清。聽到討論時出現「我覺得應該是……」「可是我覺得是……」，這時一定要忍住，露出神祕的微笑即可。偶爾我還會加上「你們當中有對的答案，再想想。」我聽到一些不錯的答案，但是後來沒有抽到那一組，我也會請他們上台說說剛剛討論的部分。

（四）引導發表

1.鼓勵學生上台發表，我要求他們：上台要先跟大家問好，並介紹自己的組別與號碼（這時我會將組別座號寫在黑板的左側，方便組長評分，否則組長手忙腳亂很容易漏掉。這也是第二次去觀課後發現的做法），順便緩和一下緊張的情緒。當他們回答完後，一定要有正面的回饋：「○○的聲音很好聽」、「○○講話很有條理」或「你比上次進步很多耶」「你說出很多我也沒想到的觀點耶」等等。

2.有些同學上來講得不完整，要引導他們把答案說得更精準，這部分是我還要練習的。有時同學會講得很簡短，這時我會請他們用完整一點的句子表達；講得太冗長的，我有時會怕傷學生的心，不好意思中斷他。之前輝誠老師分享的，用五○％、八○％、○．○一％來告訴學生他的答案還不是很完整，這招也很好用！

（五）課本的部分

很多老師反應：學生認為課本都是空白，沒有補充重點。為了讓學生安心，更能接受學思達，課本還是要有點東西。所以我折衷的做法，就是要學生在課本的空白處，貼一些關於課本中的重點整理（不用抄黑板比較節省時間），有時會留一些空格讓他們填空。講義中一些比較基本的問題（形音義修辭等），我會請他們整理到課本上。整課上完了之後，很迅速地帶他們看過課本，他們會發現其實整個概念很清楚，根本不太需要講解。

（課本寫滿的迷思：有一年一個學生在考完學測之後的第一堂國文課，很直接地說：「老師，你教的都沒有考！」其實當下當然有點小傷心，我們上得如此賣力，課本補充得密密麻麻，卻換來一句這樣的話！但是從此給了我很大的省思，大考（或離開學校後）重視的是學生的能力，而非課內這些記憶性的東西，所以不要再執著於教一些細瑣零碎的知識，而應該著重在訓練學生自學、思考、表達，這些帶得走的能力！）

四、學生的回饋

在社群中看到有老師因此很焦慮，甚至有一些學生直接表達很想回到填鴨的教學方式，我覺得暫時不要氣餒，可能是還不習慣或是有些細節再調整就可以。我目前暫時不想給他們回饋單（很鴕鳥），因為有些能力需要長時間才能看出效果，如果當他們還不習慣思考的時候，就立刻給他們寫回饋單，很有可能會打擊彼此的信心。不過暑輔至今，在與學生閒聊互動中或週記裡，摘出一些回饋：

1. 有一些學生主動反應，這樣的教法真的比較記得住，經過講義的討論之後，很多課本的東西都不用背，因為還會記得當時討論的內容。

2. 甚至有一個開學才轉組過來的學生，在上完第一堂國文課後跑來問我：「老師，我們以後每一課都要這樣上嗎？」我說：「是的。」他居然露出開心的表情加手勢：「Yes!」我追問為什麼這麼高興，他回答：「我覺得這樣感覺上課有在動腦，而且印象很深刻。」

3. 學生A週記：

在207我覺得比較特別的課是國文，之前的班上都只是老師講解，遇到重點再補充而已，我從來沒有上過讓大家分組討論的課，剛開始看到講義我有點嚇到，不是很確定自己的答案，前兩節在討論時也不是很熱衷，但漸漸地也適應了，雖然這種上課方式以前從沒體驗過，比較不習慣，但我覺得還不錯，印象比以前上課時更深刻了！

4. 學生B週記：

高二的感覺真的比高一的難度增加許多，尤其是「國文課」。以前的國文課就是老師上他的，我們就寫筆記，是屬於「填鴨式」教學，優點是上課輕鬆，缺點是想睡覺，沒有思考的感覺，課外的都不會。而老師的國文課可以說思考佔八〇%，講解佔二〇%，而且補充的「草藥」超多，這種獨立思考的教法跟西方國家一樣，優點是老師很輕鬆，思考過的東西就是自己的，可以學到很多課外補充資料，完全不會想睡覺；缺點是學生很辛苦，還要有一定的水準加上肯配合，才能達到一定的效果。雖然剛開始接觸這種教法極度不習慣，但是經過了四個禮拜的過渡期，也就慢慢的習慣了。

5. 學生C週記：

很喜歡國文現在這種一起討論的感覺，同學們給出的答案有時完全出乎意料，和自己想的很不一樣，也有遇到和自己類似的，就會有種英雄所見略同，然後想深入的去認識這些和自己在價值觀上較為相似的人。國文真的是很奇妙的東西，沒有標準答案，在課堂上只要符合邏輯概念，也可表達。不像過去的國文，我們的認知就是老師給出來的東西。

五、我原則上就是按照輝誠老師的架構嘗試，並依照自己學生的狀況微調改進，第一次段考後要嘗試「大聯盟選秀分組」的方法了。看到好多不同科目老師都能舉一反三，形塑出屬於自己科目的學思達，真的覺得大家太厲害了！透過大家無私的分享，一定能感動更多人一起翻轉，一起讓學生找回學習的熱情！

22 夥伴分享——高中國文篇

我的學思達週年感言

徐秋玲 台北市第一女子中學國文科老師

輝誠案：北一女徐秋玲老師是第一個看到文章、講義就開始學思達的老師（可見她的自學能力有多強大），遇到挫折便開始調整，從未放棄。學思達推廣一年半，她就已經做了一年，而且意志堅定！她寫的學思達週年感言，非常精采！

我原本推學思達最早預期的理想對象就是明星高中，結果事實剛好顛倒，先是高職成功、接下來社區高中、然後國小、國中，明星高中反而是最後才漸漸成功。為什麼？秋玲老師有很精采的分析，明星高中和一般學校不同，一般學校的問題在於學生不認真，明星高中的問題反而是老師太強大、太認真（學生反倒沒問題），也就更不容易讓出講台、訓練學生。

實施一整年學思達教學後，心裡覺得很踏實，雖然每一節課難免有面對未知的不安，但也因此要求自己必須做好完整的備課，才有能力對不同學生的狀況進行引導與回應。這一學期很高興有兩位同事加入講義的製作與討論，透過三個人不同的專長與關注，更能針對學生需要，進行客製化的修正與補強。原本有點兒抗拒的學生，也在一段時日的訓練後，感受到事半功倍的效果而欣然悅納，讓我更肯定這種教學法之必要。然而，我也發現以學思達從事古典韻文情意教學的限制，以及補充國學常識的困難，是以現代文學的討論發表效果最佳，古典散文亦可，但在極抽象與極記憶的兩種極端領域中，如何活化思考與引領發表，是我猶待努力的目標。（輝誠案：這是可以辦到的，國學常識、應用文統統都可以學思達，而且我也已經做好講義了喔！）

讓出講台真不是件容易的事，尤其對一些大腕的特級教師而言。他們總覺得不放心，總認為學生不靠老師闡述是無法自行討論體會的，尤其是情意教育部分。我承認學生的人生閱歷有限，他們的領悟確實不如老師深刻，可是若沒有認知和技巧的學思達，讓他們先擁有理解的基礎，能夠看懂這篇文章，又如何提升至內心的感動與觸發呢？更何況老師所分享的深刻情意，純屬老師個人感受，而非來自學生內心的震動。

孩子們的確不能如台上老師般侃侃而談、聲淚俱下或旁徵博引，但那始終只能代表老師的強大，就算感染了學生，也只是使學生佩服、讚嘆老師的感性或博學，光環還是圍繞在講台上的老師，而非應是學習主體的學生身上，不是嗎？我看過眾人口中優秀資深的某前輩上課，分組排成的桌椅，只在五十分鐘的課堂上討論了一分鐘，且學生完全沒有時間到台前發表，因為老師滔滔不絕地講解著他的豐富投影片，補充著大量他覺得學生不懂而應該懂得的知識。我於是從此幻滅，決定要走出自己的路，感謝學思達的前人種樹，讓我能夠在大家分享的講義中修整乘涼。

在綠園，每個老師都是山頭一座，我不過是小小的丘陵，只能努力帶著學生翻越與超越傳統教學的限制。學習的基礎仍要深耕，主動思考、團體討論與上台發表的能力要繼續建立，養成習慣。這兒的孩子不適合分組評分，完全依靠內在求知的驅力與同儕激盪進行學思達，在完全隨機分組的情況下，我必須精準掌握哪些組需要更頻繁地走動與指引，在有限的課程時間中，我更要能充分掌握進度，讓學生信任這種教學方式能使他們免於考試的焦慮。種種不可預測的壓力，當然遠大於操之在己的個人講述法，這也是讓一些原本有意跟進的老師，在實行一段時日之後，因無法承受課堂上的不確定性而選擇放棄。處女座的我，天生是秩序的信徒，然而上升與月亮的牡羊性格，讓我願意試著迎接挑戰，挑戰來自學生的變動、同事的質疑與自身的不安。所以，我不走安全的路，而要走對的路。

就讀小二的外甥女，被一板一眼的老師反應上課不專心，但在面對具有難度的課程或提問討論時，卻可以看見她專注思索的眼神。我多麼希望他們老師也能採取學思達的方式，讓小朋友不需要強迫安靜坐在位置上聽四十分鐘的課。說話無罪，討論有理，只要老師設計了與課程核心有關的問題，誰說這樣的課堂學不到東西？我相信推廣才一、兩年的學思達能風起雲湧，不是沒有道理的，它拯救的不僅是坐立不安、眼光無神從課堂上逃跑的學生，更是長期以來自我感覺良好，或教學無力、虛應故事的老師。

老師的強大不僅僅是個人優秀的領悟與說解能力，更重要的是讓學生有機會變得強大，甚至青出於藍，那才是身為一名師者的驕傲，也才是提升台灣未來人才力之所在。所以，放下吧！孩子們有自己的情與悟，那是隨歲月歷練與時俱進的內涵，急不得，亦非誰能挹注。讓出講台，捨棄投影片，減少密密麻麻的板書謄抄，相信學生，相信願意相信學生的自己，我們願意改變，學生就會改變，而台灣的未來也才可能因此改變！

附錄

學思達相關網路影片全蒐集

一、學思達教學概念相關

1. 張輝誠「2014 翻轉教室工作坊：學思達教學法」（共 5 集）
   https://www.youtube.com/watch?v=a6Xzxlab WVo

2. 張輝誠「學思達教學法具體操作法」（共 4 集）
   https://www.youtube.com/watch?v=Rxgo9EbLllo
   張輝誠：翻轉中的教育
   https://www.youtube.com/watch?v=PylwuKU0 5G4

3. 學思達問題意識與問題設計（共 5 集）
   https://www.youtube.com/watch?v=RVywEf NWog

二、與國文科有關：

4. 學思達翻轉講義製作（共 2 集）（可看到如何主持與引導）
https://www.youtube.com/watch?v=2WDYZUoKvZU

5. 學思達實務 - 如何運用學思達指導學生寫作（抒情文）（共 6 集）
https://www.youtube.com/watch?v=cdJniNOD Wq0

6. 學思達實務 - 如何運用學思達指導學生寫作（論說文）（共 5 集）
https://www.youtube.com/watch?v=6I86jq2BLqE

7. 張輝誠老師 老師請當學生的貴人＋學思達教學法簡說＋學思達如何運用青春第二課教學（共 11 集）
https://www.youtube.com/watch?v=zBn1mB-1GEg
《青春第二課》的用法在第 10 集 13 分之後和 11 集。

三、學思達相關教學影片

1. 宜蘭高中國文科吳勇宏老師：2014 國際閱讀教育論壇【台南場 兩岸觀摩】〈空城計〉
https://www.youtube.com/watch?v=wPKE9BU11PY

2. 高雄英明國中公民科郭進成老師學思達教學演示
https://www.youtube.com/watch?v=4xw7k9M4 Fms

3. 高雄民族國中歷史科蔡宜岑老師學思達教學演示
https://www.youtube.com/watch?v=rDDvW7TX 1zo

4. 高雄新上國小王建正老師學思達教學演示
https://www.youtube.com/watch?v=PXHUyKc Fpzl

四、學思達短講影片

共有十二講，含各學科
https://www.youtube.com/results?search_query=%E5%AD%B8%E6%80%9D%E9%81%94%E7%9F%AD%E8%AC%9B

更多學思達教學，請掃描此 QR Code，或上網：http://goo.gl/QK2h1Q

學習與教育 150

學·思·達
——張輝誠的翻轉實踐

作　　者｜張輝誠
責任編輯｜江美滿
編輯協力｜黃文凌
美術設計｜黃育蘋
封面攝影｜鄒保祥
行銷企劃｜林育菁

發行人｜殷允芃
創辦人兼執行長｜何琦瑜
副總經理｜游玉雪
總監｜李佩芬
主編｜盧宜穗
資深編輯｜游筱玲
版權總監｜張紫蘭

出版者｜親子天下股份有限公司
地址｜台北市 104 建國北路一段 96 號 11 樓
電話｜（02）2509-2800　傳真｜（02）2509-2462
網址｜ www.parenting.com.tw
讀者服務專線｜（02）2662-0332　週一～週五：09:00~17:30
讀者服務傳真｜（02）2662-6048
客服信箱｜ bill@service.cw.com.tw
法律顧問｜瀛睿兩岸暨創新顧問公司
總經銷｜大和圖書有限公司　電話：（02）8990-2588
出版日期｜ 2015 年 5 月第一版第一次印行
　　　　　2019 年 3 月第一版第十三次印行
定　　價｜ 320 元
書　　號｜ BCCE0150P
I S B N｜ 978-986-398-055-1（平裝）
訂購服務
親子天下 Shopping ｜ shopping.parenting.com.tw
海外 ・ 大量訂購｜ parenting@service.cw.com.tw
書香花園｜台北市建國北路二段 6 巷 11 號
　　　　　電話（02）2506-1635
劃撥帳號｜ 50331356 親子天下股份有限公司

親子天下 Education · Parenting Family Lifestyle

國家圖書館出版品預行編目 (CIP) 資料

學 . 思 . 達 : 張輝誠的翻轉實踐 / 張輝誠著 .
-- 第一版 . -- 臺北市 : 天下雜誌 , 2015.05
面；　公分 . --(教育與學習系列)
ISBN 978-986-398-055-1（平裝）
1. 教學法

521.4　　104005423